哲学创新与时代变奏

Philosophical Innovation and Variation of Times

钟慧容 著

· 广州 ·

图书在版编目（CIP）数据

哲学创新与时代变奏/钟慧容著．—广州：中山大学出版社，2021.12
ISBN 978－7－306－07373－0

Ⅰ．①哲…　Ⅱ．①钟…　Ⅲ．①马克思主义—中国—文集　Ⅳ．①D61－53

中国版本图书馆CIP数据核字（2021）第256041号

ZHEXUE CHUANGXIN YU SHIDAI BIANZOU

出 版 人：王天琪
策划编辑：金继伟
责任编辑：麦晓慧
封面设计：曾　婷
责任校对：贾艳润
责任技编：靳晓虹
出版发行：中山大学出版社
电　　话：编辑部 020－84110283，84113349，84111997，84110779，84110776
　　　　　发行部 020－84111998，84111981，84111160
地　　址：广州市新港西路135号
邮　　编：510275　　　传　真：020－84036565
网　　址：http://www.zsup.com.cn
　　　　　E-mail:zdcbs@mail.sysu.edu.cn
印 刷 者：广州市友盛彩印有限公司
规　　格：880mm×1230mm　1/32　6印张　120千字
版次印次：2021年12月第1版　2021年12月第1次印刷
定　　价：60.00元

本书系中国博士后科学基金第67批面上二等资助项目“马克思的哲学变革及其动机研究”（20A004）阶段性成果。

作者简介

钟慧容，法学博士。广西师范大学副教授，硕士生导师，浙江大学马克思主义学院博士后，曾为美国乔治亚大学卡尔·文森政府管理学院国际访问学者。主要研究领域为马克思主义经典文本及其当代价值。获“广西五一劳动奖章”、广西高等学校“千名中青年骨干教师”等荣誉称号，获全国高校青年教师教学竞赛思想政治课专项组三等奖、广西高校青年教师教学竞赛思想政治课专项组一等奖（第一名）。在《中国社会科学》（内部文稿）、《哲学动态》、《马克思主义与现实》等刊物上发表论文30余篇，多篇被《新华文摘》、《中国社会科学文摘》、中国人民大学《复印报刊资料》等转载或论点摘编。

目　录

前　言

哲学是什么？这是一个需要回答的永恒命题。马克思在1842年撰写的《〈科隆日报〉第179号的社论》一文中曾有过经典表述，“任何真正的哲学都是自己时代的精神上的精华”。正是基于这种深度的认识，马克思、恩格斯始终关注自身所处时代的资本主义社会的问题，揭示资本主义社会的基本矛盾，从而推出人类社会历史的命运与发展的普遍规律，形成了科学的世界观和方法论，实现了人类哲学思想的变革。

哲学的时代性体现了历史与未来的统一。黑格尔认为，哲学就像黄昏起飞的密涅瓦的猫头鹰，应以“反思”为主业，而“反思”是以历史为前提的；在马克思看来，哲学是“高卢的雄鸡”，要塑造和引领人类文明的未来，明确未来的现实规定性。哲学的创新，是对历史和当下有关世界观和方法论的重大问题的反思，是对马克思主义基本问题的再思考，也是对具有潜在性哲学问题的展望。这种展望不是虚无缥缈的，而是以历史和现实为根据的，它以哲学的方式来阐释和表达人类、民族和国家的未来。总结历史、把握现在、展望未来的基本理路，是贯穿于《哲学创新与时代变奏》始终的一条内在主线。

理论研究需要回应实践，实践作为标准可以检验理论。从20世纪90年代初，苏联的解体和东欧社会主义国家的剧变，马克思主义在西方资本主义世界遭受沉重打击，进入空前低潮，从而在实践上给马克思主义理论带来了挑战。马克思主义的真理性和实践性面临着各种争议甚至诘难，其中以美籍日裔学者弗朗西斯·福山在苏联解体后提出的“历史终结论”最具典型性和代表性。“历史终结论”刻意渲染资本主义的“决定性胜利”和社会主义的“历史性退场”，宣告资本主义的自由民主制是人类社会政治制度中的最优样态。“历史终结论”引发了国际理论界的巨大反响，对其拔高之声一度甚嚣尘上。尽管这一论调所存在的内在理论硬伤和实践误判导致其遭受多种质疑，对“历史终结论”理论内在困境的分析，也能揭示“历史终结论”所存在的理论与现实的矛盾，但“历史终结论”提出至今，国内外理论界仍然对其有一些模糊认识。哲学研究需要回应实践以及因实践产生的一些重大问题。中国和平崛起的事实，是终结“历史终结论”的有力证明；中国现代化道路的实践，为破解全球现代化危机提供了可能性，证实了历史并未终结于资本主义自由民主制。

新时代是需要理论而且能够产生理论的时代。世界局势瞬息万变，中国的改革开放也带来了政治、经济和文化的不断变化。在这样的背景下，时代呼唤哲学社会科学，尤其需要马克思主义哲学回答时代提出的命题和问题。新时代提供了催生理论的环境，在这样的条件下，马克思主义哲学研究承继传统研究路径，形成了数量众多、质量上乘的理论成果。以更开放的心态和更高远的眼光来看，这些理论成果为马克思主义哲学的中国化、时代化和大众化做出了卓越贡献，理论反映了时代、跟上了时代、回应了时代。当然，成果形成和产生的背后，源于反思精神和批判精神。当代中国马克思主义哲学研究的基本路径存在"过度诠释"、误读的解读倾向，在西方马克思主义研究过程中存在对"批判的批判"进行"辩护"的嫌疑，在从"走近马克思"到"走出马克思"的过程中出现"回到马克思"却"停留于马克思"的现象，这些都是需要我们不断反思的，对这些问题还存在继续纠正的必要。21世纪马克思主义哲学研究路径的创新与自觉理论意识的养成，是理论界在一段时间内应该努力完成的工作。

哲学研究需要在与时代、与实践的互动中具体展开。展开的方式是多元的，下面三点是深化哲学研究的重要维度。

一是展开跨学科对话。马克思主义哲学研究的主题或对象往往具有复杂性与综合性，这要求哲学研究具有多学科视野、跨学科对话。学科的发展存在两种趋势，一种是高度的分化，另一种是高度的综合，分化和综合是一对矛盾统一体。对学科的综合性而言，单一学科的研究往往无法破解复杂性研究对象中所蕴含的难题，很难把握现象背后所隐藏的规律。哲学研究与心理学研究之间的对话就是其中的一种跨学科方式。心理学作为一门研究人类心理现象、功能和行为的科学，其学科发展需要哲学维度的反思。从哲学的高度反思心理学发展过程中的技术主义与人文主义的倾向，既要有心理学的学科背景，又要具备哲学思维，充分发挥哲学二级学科特别是科技哲学层次的作用及功能，从哲学视角批判心理学存在的向极端的纯技术性方向发展的倾向，并在科技哲学的框架下提出心理学发展的未来走向：体现人性与物性的辨证统一，实现科学与人文的融合。通过对哲学特别是科技哲学的反思，有助于推进心理学研究技术主义倾向的调整与纠偏，避免人文主义的失落和工具式的异化研究，也有利于超越知识的工具主义而形成心理学研究的理论自觉，促进学科与心灵的共同健康发展。展开交叉学科、跨学科研究与对话，是多层次的，也是全方位的。

二是部门哲学的拓展研究。哲学研究有两种主要的路径：部门哲学与分支哲学的研究。部门哲学是哲学知识体系在其他学科中的运用，如经济哲学、政治哲学、文化哲学、社会哲学、历史哲学、法哲学等；分支哲学是哲学中的各个要素与知识体系的放大，如价值哲学、实践哲学、认识论哲学、本体论哲学等。在部门哲学的研究中，政治哲学是我国哲学研究的一个热点，学界围绕“马克思主义政治哲学何以可能”“马克思主义政治哲学是什么”“马克思主义政治哲学的当代价值”等问题展开了探讨。对政治哲学的关注程度似乎让学界感到马克思主义哲学的性质就是政治哲学，政治哲学俨然构成了马克思主义哲学的全部内容。与此形成鲜明对比的是，马克思主义历史哲学却没有受到应有的重视。显然，这一问题的背后反映的事实是，人们对马克思主义哲学的性质问题并没有达成共识，马克思主义历史哲学的价值没有得到凸显。马克思主义哲学自诞生以来，在时空的流变中衍生了包括马克思主义历史哲学、辩证唯物主义、历史唯物主义、实践唯物主义在内的多种理论形态。不同阐释性观点间的论争与探讨，使马克思主义哲学性质的探讨更加深入。无论从何种视野或观点出发探究马克思主义哲学的理论形态，都不应忽略和回避对马克思主义哲学的历史哲学形态的理解。马克思主义哲学一定是有理论内核的，这个理论内核不会随着时间的变化而变化，学术界和理论界不能根据时代需求做出任意解释和选择，这种不可任意解释和选择性属于历史阐释问题。历史事实、历史真相、历史规律、历史评价，这些都属于历史阐释问题，构成了历史哲学的重要范畴。关于如何看待历史，习近平总书记十分强调以历史为镜，为我们指明了历史客观性阐释的方向。历史哲学理应成为一个更重要的、值得关注的部门哲学。进一步思考马克思主义历史哲学的本质、形态及其同其他相关哲学形态的关联性，进而展望其当代发展和未来走向，其拓展性思考对于推进马克思主义哲学研究和马克思主义哲学发展具有重要意义。

三是重大现实命题的哲学思考。马克思主义理论研究的基础性工作，首先就是研究基本理论、基本问题、基本概念。基本问题的研究有利于夯实哲学研究的基本功，提高对哲学理解的深度，也有利于哲学的应用研究，提高对哲学理解的广度。基础理论研究和应用问题研究不是截然分割的，而是具有统一性。在对哲学基础理论问题理解的基础上，关注重大的现实理论问题和实践问题，是哲学学者的社会责任和使命。“构建人类命运共同体”、脱贫攻坚是中国共产党提出的具有战略意义的命题，是具有根本性的重大时代问题。但对“构建人类命运共同体”的重大问题的理解也涉及若干基础理论问题的研究，有必要澄清在“构建人类命运共同体”现有的相关基本理论问题研究成果中存在的曲解、偏见和误判之处，通过辨析和澄清人类命运共同体的基本理论问题——本质内涵、构建的价值意蕴及其现实路径，对脱贫攻坚、脱贫自信与贫困治理机制之间关系的揭示，能够深化我们对人类命运共同体构想、脱贫攻坚等世界性和时代性问题的理解，从而推动其实现从理论形态到实践形态的积极转化。把握人类命运共同体的基本理论问题、理解“四个自信”与人类命运共同体构建的关联等问题，在基础性问题上刨根问底，有助于破解引领时代变革、文明进步的相关重大问题。而只有真正立足于哲学基本理论问题研究，真实地发现基础理论研究的理论困境，理论研究者才能够为当代实践提供思想智慧。

哲学研究在与时代、与实践的互动中，问题意识是最大的动力。哲学研究始于问题意识。马克思说：“问题就是时代的口号，是它表现自己精神状态的最实际的呼声。”① 哲学问题归根到底来源于现实问题，但现实问题不可能自动地升华为哲学思想或观点，实践中不断涌现的疑问需要学者具备发现问题的眼光。马克思主义哲学研究

---

① 《马克思恩格斯全集》第40卷，人民出版社1982年版，第289–290页。

必须强调问题意识。问题意识需要不断养成，这涉及问题意识的生成机制。在哲学层面上具有问题意识的基本修养包括以下两个方面。

（1）宏大叙事与具体分析的统一。哲学的问题既需要有宏大的、抽象的思辨，也需要有具体的、细腻的理论思维。哲学是系统化、理论化的世界观和方法论，是关于自然界、人类社会和人的思维及其发展的最一般规律的学问。哲学思考和哲学问题常常具有较强的宏观性和抽象性，哲学应当回答"人类性"的永恒性问题以及"时代性"的对策性问题。哲学是对人类文明思想永恒性问题的理论传承和发展，也是一种因时代变化而产生的批判性反思和辩护，这就注定哲学研究的主题必然是恢弘的，具有庞大的气象。但哲学研究的基础在于哲学的学科性，涉及对哲学基本概念、基本命题、发展逻辑的深度把握。哲学研究的全面性在于，既能够驾驭宏大理论问题，又能够把握基本理论问题的细节。德国哲学家胡塞尔曾说过："哲学必须有能力将它的普遍命题的大票面钞票兑换成接近实事的细致分析的小零钱。"① 胡塞尔的这套哲学观或许可以在中文语境中找到类似提法——"解剖麻雀"，即以小见大、见微知著的研究方法。哲学研究强调大处着眼与小处着手相辅相成，重大的哲学命题与结论离不开具体的、细腻的、有深度的细节分析。

① ［德］胡塞尔：《现象学的方法》，倪梁康译，上海译文出版社1994年版，第12－13页。

（2）回顾历史与展望未来的统一。哲学的问题既是历史的、现实的，也是未来的，体现实然和应然关系的统一。哲学的思维要有历史性，要着力总结历史发展的经验；也要剖析历史发展中存在的问题，具有批判性和反思性；同时要在批判和反思的基础上提出建构性的应对方案，具有前瞻性。对于中国现代化发展的道路而言，现代化深刻改变了人类的存在方式与自我意识，也重塑了中国的历史进程与中国人民的精神面貌。总结和审视中国现代化百年历程所熔铸的宝贵经验和中国智慧，有助于进一步深化现代化问题的学理性研究和中国现代化道路的实质性探索，并为仍处于现代化发展进程中的发展中国家提供有益借鉴，进而为推动世界现代化发展的进程贡献中国智慧。但哲学的建构性特征需要我们在“实然”的基础上以“应然”的方式面向未来，中国现代化实践力图克服“资本逻辑”的宰制，指向了人的现代化逻辑的根本价值旨趣；超越了“控制自然”模式，追求人与自然和谐共生；打破了“国强必霸”发展定式，实现了和平发展，创造了现代化发展的奇迹。延续中国现代化发展的奇迹，应当汲取现代化历史实践中的经验启示，擘画中国未来现代化发展的美好前景与实践过程的客观要求，开启全面建设社会主义现代化国家新征程。回顾历史和展望未来不仅仅体现在对中国现代化发展道路的思考中，而且应该贯穿在哲学所思考的所有问题中。

哲学创新是一项需要长久坚持的事业。《哲学创新与时代变奏》基本代表了我最近几年哲学研究的基本方向，也基本体现了我的学术理念。我力图突破线性的思维方式，以拓展和开放的眼光展开学术探讨。本书既吸收了前人和同时代人的研究成果，也体现了我对他们基本思想的消化的程度。作为一名马克思主义哲学研究者，开放的视野、包容的态度是一种境界，也是一种胸怀。哲学创新离不开时代，新时代发展为哲学创新提供了广阔的背景、鲜活的素材和丰富的资源，创新哲学是马克思主义哲学学者研究的使命和担当。

钟慧容

2021 年夏　记于杭州

第一章

时代变革中的马克思主义哲学形态创新

内容摘要

当前，建构符合时代主题和时代精神的中国马克思主义哲学已成为哲学研究的重大课题，其必要性和紧迫性日益彰显。其中，马克思主义哲学能否被理解为一种历史哲学，这是一个关涉马克思主义哲学理论性质的重要问题。马克思主义哲学是马克思在扬弃以往历史哲学和反思德国历史研究的基础上建构的，是马克思、恩格斯通过阐释历史及其规律以求解现实问题的理论实践的产物，它表征了一种马克思主义哲学的特定存在形态。马克思主义哲学对历史的辩证阐释，使其与辩证唯物主义存在理论上的互证关系；马克思主义哲学坚持历史研究的整体性，使其与历史唯物主义存在内容上的包容关系；马克思主义哲学将历史理解为“实践性”的构成，使其与实践唯物主义存在功能上的“互变”关系。当代中国马克思主义哲学的建构与发展，需要在认识论上明晰其存在的重要性并进行基础理论的深度研究，在方法论上加强同其他哲学的比较研究，在价值论上挖掘其具有的中国意义与世界意义。

习近平总书记在哲学社会科学工作座谈会上的重要讲话中，提出了“加快构建中国特色哲学社会科学”[①] 的战略任务和实践要求。加快构建中国特色哲学社会科学是一项系统工程，而构建中国马克思主义哲学是其中重要的子系统。探讨当代中国马克思主义哲学的存在形态及多样化存在形态之间的相互关系，是构建中国马克思主义哲学的一项基础性工作，也是研究者应该具备的问题意识与理论自觉。马克思主义哲学自诞生以来，其发展展现了一个不断探索新形态的过程，在时空的流变中衍生了包括辩证唯物主义、历史唯物主义、实践唯物主义在内的多种理论形态。客观而言，马克思主义哲学诸种形态都有其存在的价值和合理性，不同观点间的论争与探讨，无疑使马克思主义哲学的性质愈加澄明。但无论从何种视野或观点出发探究马克思主义哲学的理论形态，都不应忽略和回避马克思主义哲学的历史哲学形态理解。[②] 马克思的一生曾身兼多重身份或角色，其身份或角色随着他在不同时期对所关注

---

① 习近平：《在哲学社会科学工作座谈会上的讲话》，人民出版社2016年版，第15页。

② 笔者强调马克思主义哲学是历史哲学，并非在排他的意义上探讨马克思主义哲学的理论形态问题，而是旨在说明在考察马克思主义哲学的性质时，不应脱离马克思主义哲学创始人的理论视域和理论问题域，即他们力图通过建构一种历史哲学实现对德国历史问题、人类历史问题的合理阐释。就此而言，将马克思主义历史哲学视作生存哲学、价值哲学、文化哲学、生活哲学、社会哲学等形态具有合理性，但诸种哲学形态的产生既是历史发展的需要，也必然要依托于马克思主义历史哲学的历史阐释功能。

问题的转移而发生转换，但身份的多重变化不能遮蔽他作为历史理论家角色的确定性。马克思主义哲学的理论内核是阐释历史及其规律，马克思始终在阐释历史的过程中回应“无产阶级与人类何以解放”的时代问题，因此，由其创建的哲学——马克思主义哲学的基础性问题可以被归结为历史哲学问题。将马克思主义哲学理解为历史哲学，思考当代中国马克思主义历史哲学的本质、形态及其同其他相关哲学形态的关联性，进而展望其未来发展和走向，对于推进中国马克思主义哲学构建具有重要意义。

一、哲学形态的发展趋向与定位

马克思主义历史哲学之所以作为“具体的实践的历史哲学”超越了以往的“一般历史哲学”，其本质在于它既具体地叙述历史，又思辨地解释历史，从而在整体上把握和呈现历史的一般规律。无论从其对以往历史哲学的合理继承来看，还是从其作为一种全新的历史哲学形态来看，马克思主义历史哲学都充满生机并具有广阔的理论空间。

马克思主义哲学是否可以被理解为一种历史哲学？有观点认为，从马克思主义经典作家本人的论述来看，马克思几乎总是对“历史哲学”持否定的态度，历史哲学之于马克思是代表了一种超历史的历史观念，因而不具有存在的合理性和科学性。[①] 笔者认为，马克思主义哲学能够被理解为历史哲学。因为马克思主义哲学致力于说明历史过程，并且建立起一套关于历史问题的系统理论，即马克思所说的"历史哲学"，它提出了历史进步观念、历史主体理论、历史动力理论。最为重要的是，马克思主义哲学依据对人类历史的透彻考察，重新阐释了人类历史发展的客观规律。从马克思毕生所从事的志业来看，能够完整囊括其研究和工作的一个核心词汇是"历史阐释"或"阐释历史"，此种历史阐释当然不应被理解为仅仅对过去的表达，其表达同样包含当下和未来。由马克思所创建的哲学理应是一种关注历史发展、求解历史问题、解释历史状况、探明历史规律的历史哲学，从马克思主义哲学最为本质的目的和旨趣而言，其是马克思力图通过揭示和解构资

---

① 马克思曾在否定的意义上使用过"历史哲学"概念，他所针对的是米海洛夫斯基将《资本论》中关于西欧资本主义起源问题的论述理解为人类社会一般发展道路的错误理论。他所批评的是认为一切民族能经历同样的历史发展道路的观点。马克思将这种理论称为"一般历史哲学理论"，并指出"这种历史哲学理论的最大长处就在于它是超历史的"。这一观点详见马克思在1877年《给〈祖国纪事〉杂志编辑部的信》中的论述："他一定要把我关于西欧资本主义起源的历史概述彻底变成一般发展道路的历史哲学理论，一切民族，不管它们所处的历史环境如何，都注定要走这条道路——以便最后都达到在保证社会劳动生产力极高度发展的同时又保证每个生产者个人最全面的发展的这样一种经济形态。但是我要请他原谅。（他这样做，会给我过多的荣誉，同时也会给我过多的侮辱。）……但是，使用一般历史哲学理论这一把万能钥匙，那是永远达不到这种目的的，这种历史哲学理论的最大长处就在于它是超历史的。"（《马克思恩格斯文集》第1卷，人民出版社2009年版，第446－467页）

本主义的哲学基础，进而瓦解资本主义赖以存在的现实基础，最终实现全人类解放、人类社会和人类历史进步，而要实现这一切，不能不依靠“历史阐释”，即在考察资本主义产生、发展和未来趋势的基础上，理解历史的整体进程，进而指明人类历史发展的规律。马克思对“历史哲学”持否定的态度，他并非批判和贬斥全部的历史哲学，而只是纯粹思辨的历史哲学。马克思对历史哲学的批判不应被理解为对全部历史哲学的终结，而是对以往历史哲学之弊病的揭批，他“不仅试图发现，并且确实发现了支配人类历史的基本规律，而且还以一套特有的范畴建构了全部人类历史、创立了完整的历史过程理论——在这两方面明确地表现出了对以黑格尔为代表的思辨历史哲学的批判继承关系”①。马克思主义历史哲学仅仅结束了历史哲学的某一阶段，而非终结了历史哲学本身。无论从实际存在于当今世界的主流历史哲学流派——思辨的历史哲学、分析的历史哲学和马克思主义历史哲学的三足鼎立之势看，还是就马克思主义历史哲学与以往历史哲学的关系来看，“今天仍保留着生命力和内在潜力的唯一的历史哲学，当然是马克思主义”②。

马克思主义历史哲学的形成与发展不仅吸纳了各种可资借鉴的理论渊源，而且根植于复杂多元的现实条件和历

① 庄国雄：《历史哲学和马克思的历史理论》，《复旦学报（社会科学版）》1992年第2期，第30页。

② ［英］杰弗里·巴勒克拉夫：《当代史学主要趋势》，杨豫译，上海译文出版社1987年版，第261页。

史背景之上。从思想来源看，从维科到黑格尔的历史哲学理论，奠定了马克思主义历史哲学生成的思想史前提；从实践基础看，马克思对德国现实境况及其实际问题的关注构成了马克思主义历史哲学的实践动因。

肇始于维科并由黑格尔实现体系化的历史哲学思想，深刻影响了马克思主义历史哲学的基本样貌以及问题意识。维科在《新科学》一书中反思自古希腊以来哲学家所从事的研究事业，认为以往哲学过多地关注自然世界，而有意无意地忽略了对人类创造的“民政世界”的探索，强调哲学家应实现研究视野的转换，从考察自然历史转向对人所创造的世界及其规律予以认知。维科对以往哲学研究的反思，使得思索人类社会历史及其规律成了哲学家的志业，标志着历史哲学的诞生，他对历史哲学问题的基本设定和历史规律的初步追问，开辟了历史哲学主流演进的道路。延循这一理路，历史哲学发展历经维科的主要继承者赫尔德对“变换历史中的不变规律”的求索、康德对历史的“隐蔽计划”的理解，在黑格尔的“绝对理性”中达至完备。出于对自然与历史之间的区别的认识，黑格尔提出了一种考察历史的独特理解方式，即以“自由意识”理解历史，将历史作为思想的现实展现或“进展”。值得注意的是，黑格尔的主张，即在哲学的思辨中把握历史的本质及规律具有的双重意蕴，既因规定历史规律为历史哲学的根本任务而在客观唯心主义的基础上赋予了历史规律以权威性，并进而使历史哲学确立了合法性；又因仅仅在形式上肯认人的主体性和能动性，使其对历史规律或客观必然性的理解脱离了“现实的人”，以超历史的“绝对理性”遮蔽了历史的本真样态，进而使对历史必然性的确证深陷“外部植入”的困境之中。在黑格尔那里，历史哲学已然明确了自身的基本问题和本质，但黑格尔式的纯粹哲学思辨无法准确反映历史的本质并展现历史的规律。在对黑格尔历史哲学扬弃的基础上，马克思主义历史哲学实现了对以往历史哲学的传承与突破。马克思对历史的强烈关怀和研究兴致，使其在掌握历史哲学思想史的基础上，部分承继了西方传统历史哲学的合理内涵，同时又对以往历史哲学予以辩证发展。

除思想史的基础以外，马克思主义历史哲学还有其生成的实践目的和归宿，它是马克思对德国现实问题展开历史溯源的结果。马克思对彼时德国历史问题的思考，推动了其历史哲学的自觉建构，马克思主义历史哲学的建构服膺于德国现实即马克思所处时代的德国历史境况。在马克思看来，与同时期的英法两国相比，德国虽然在经济与政治上表现为“落后国家”，但“思想中的德国”或“德国的思想”绝不逊色于英法两国。对于德国现实困境的认识和破解，只能依赖于向前追问产生此困境的历史。但同时，马克思认为德国从未产生过对自身历史提供“世俗基础”的历史学家，而关于这一点，黑格尔作为典型的“观念上的德国人”，对历史所做的研究，恰恰符合马克思对德国“没有真正历史学家”的评价。黑格尔与马克思的不同之处，或黑格尔历史哲学与马克思主义历史哲学之差异在于：黑格尔虽受法国大革命的巨大影响而赋予自身思想以强烈的历史厚重感，其以法国大革命为现实原型的理性历史观将历史哲学推向高峰，但他对现实历史的哲学阐释却始终停留于思辨层面，无法从根本上发挥出历史哲学的现实效力。也正是基于此，马克思认为黑格尔的真正问题在于其始终身处“在‘纯粹精神’的领域兜圈子”[①] 的状态，黑格尔不在意德国现实和德国政治的利益，但德国哲学作为德国历史在观念上的延伸，必然要以解决“德国哲学和德国现实的联系问题”为自身的逻辑起点和立足点。这正是马克思批判黑格尔等人的思辨历史哲学进而创建马克思主义历史哲学的问题意识与历史自觉。德国社会史、观念史、家庭史和生产方式的历史共同构成德国全部历史，要实现对全部德国历史进行深入且全面地理解，只能借助逻辑与实证对这四种因素进行研究和探讨。[②] 因而为了补充德国历史研究缺憾而建构的马克思主义历史哲学，“并不是纯粹哲学的内部演绎的结果，而是通过哲学、经济学与历史学等多学科交叉深入探究哲学与历史的关系的结晶”[③]。马克思主义历史哲学既有其生长的思想史源流，又是出于马克思解决实际问题的需要，二者共同决定了马克思主义历史哲学的理论本质和研究旨趣。一如马克思在《〈黑格尔法哲学批判〉导言》中所

---

① 《马克思恩格斯文集》第1卷，人民出版社2009年版，第546页。

② 参见《马克思恩格斯文集》第1卷，人民出版社2009年版，第531－533页。

③ 胡刘：《论马克思历史哲学与“历史唯物主义”的关系》，《山东社会科学》2017年第4期。

说，马克思主义历史哲学肩负着“确立此岸世界的真理”——“为历史服务的哲学”① 的历史任务。“此岸世界的真理”决定性地表明马克思主义历史哲学的“实然”状态，即以理解德国现实为基点进行历史研究，“为历史服务的哲学”也绝非追求“伦理化”的“应然状态”，不单是为过去或未来服务，更为重要的是服务于当下历史行进中的问题，即“时代的基本问题”。②

马克思主义历史哲学的本质是力求准确客观地阐释历史，其在对历史规律的追寻方面同以往历史哲学具有同一性，但在如何阐释历史的问题上又表现出独特的超越性。作为历史哲学的体系化和完备化成果，黑格尔历史哲学不仅分别赋予历史哲学和历史规律以合法性和崇高权威，而且指明了历史哲学的根本任务：历史哲学致力于对历史本身进行反思，它的对象是人类世界的历史、是人类社会生成与发展的历史，不拘泥于对个人、某一国家或民主历史的微观研究，而是力图通过对“历史的思想的考察”③ 发现与把握历史的客观规律。但此种达到顶峰的历史哲学却只是极其强调思辨的历史、神秘的历史，无法触及历史的本质。与黑格尔历史哲学相比较而言，马克思主义历史哲学是一种兼具思辨性与实践性的哲学，它克服了黑格尔历

① 《马克思恩格斯文集》第1卷，人民出版社2009年版，第4页。

② ［匈］阿格妮丝·赫勒：《历史理论》，李西祥译，黑龙江大学出版社2015年版，第1页。

③ ［德］黑格尔：《历史哲学》，王造时译，上海书店出版社2006年版，“绪论”第8页。

史哲学阐释历史的弊病和缺陷，抛弃了历史规律和历史必然的“神秘化”形式，“马克思和恩格斯对黑格尔唯心主义辩证法的唯物主义颠倒只不过在于把这种辩证法从它的最后的神秘外壳中解放出来。在‘观念’辩证的‘自我运动’下面发现了历史的现实运动，并把这一历史的革命运动宣布为唯一‘绝对的’存在”[①]。马克思主义历史哲学拒绝从绝对理性的观念出发考察历史，致力于从历史本身及其过程阐释历史及其规律，从而超越了将历史作为思想或意识的历史、将历史规律归结于“绝对计划”的对历史的“外部反思”；马克思主义历史哲学同时保存了黑格尔历史哲学的合理性因素，即以哲学的方式关注历史并全面探讨历史规律。对思辨历史哲学的合理性保留与改造直接表明了马克思主义历史哲学是关于“人类历史的唯物主义哲学”[②] 的本质。借助对“人类历史的唯物主义哲学”的本质性概括进行更为通俗而具体的理解，我们能够进一步领会马克思主义历史哲学究竟是何种历史哲学：马克思主义历史哲学是马克思对历史与哲学的融合，兼容哲学的抽象逻辑和分析历史事实的具体直观性，以既定的历史事实为研究材料来说明问题、解释现象，又逻辑性地说明历史事实、历史现象之中蕴含的科学规律，基于历史事实的真实性展现诸历史要素和事件间的联系，也就

---

① ［德］卡尔·科尔施：《马克思主义和哲学》，王南湜、荣新海译，重庆出版社 1989 年版，第 81 页。

② 《普列汉诺夫哲学著作选集》第 2 卷，生活·读书·新知三联书店 1961 年版，第 510 页。

是“通过‘微观具体层次’的史学和‘宏大叙事层次’的马克思主义哲学的视域融合产生‘中观’层次的马克思主义历史哲学”①。在马克思看来，“任何历史观的第一件事情”就是关注到作为一切历史的前提和基本条件的人的生存及物质生产活动的历史的“全部意义和全部范围”②，在此意义上，马克思主义历史哲学作为马克思进行宏观研究、微观或具体研究的基本理论，成为马克思主义哲学的存在形态。

马克思在尊重历史规律的前提下，以强烈的问题意识创构了马克思主义历史哲学，他试图通过对唯心主义历史哲学的批判性改造，使被遮蔽的历史及其内在规律得到准确客观的呈现和理解。正是在这一意义上，马克思主义历史哲学实现了历史观上的革命，并由此提供了阐释历史的新路向，也理所应当地被视作马克思主义哲学的基本理论形态而加以重视。

二、历史哲学与相关哲学形态

在马克思主义哲学发展史上，对马克思主义哲学的理解存在着马克思主义历史哲学、辩证唯物主义、历史唯物主义、实践唯物主义等多种形态，不同哲学形态表征了对

① 余晓玲、刘同舫：《马克思主义历史哲学：在史学与哲学之间》，《天津社会科学》2013 年第 2 期。

② 《马克思恩格斯文集》第 1 卷，人民出版社 2009 年版，第 531 页。

马克思主义哲学的不同理解。如何理解不同形态的马克思主义哲学间的关系，尤其是如何看待马克思主义历史哲学与其他哲学形态间的关系，是讨论“马克思主义历史哲学形态创新”的重要问题。马克思主义历史哲学与马克思主义哲学的其他哲学形态之间，既因建于共同的唯物主义基础之上而存有明显的相通处，也因侧重各异而存在不同点。它们的关系应当放在马克思对相关问题的具体分析中去理解。

阐明马克思主义历史哲学同相关哲学形态间的关系，首先应当剥离它们之间的共同基础——唯物主义，从各自所侧重与关注的核心问题出发展开论述。改革开放以来，哲学领域存在历史唯物主义、辩证唯物主义、实践唯物主义性质之争，对马克思主义哲学的性质问题并没有达成共识。有学者尝试在肯定三者共同的唯物主义基础之上对它们的侧重点予以凸显，认为它们的差异在于：辩证唯物主义展现了马克思主义哲学的辩证法向度及其革命性和批判性特质，历史唯物主义展现了马克思主义哲学的历史向度及其彻底性和完备性特点，实践唯物主义展现了马克思主义哲学的实践向度及其首要性和基本性特征。[①] 这一说法较为合理地阐明了三者的关系，进而深化了对马克思主义

---

① 参见李秀林、王于、李淮春编《辩证唯物主义和历史唯物主义原理》（第5版），中国人民大学出版社2004年版，“第5版说明”第2页；杨耕《论辩证唯物主义、历史唯物主义、实践唯物主义的内涵——基于概念史的考察与审视》，《南京大学学报（哲学·人文科学·社会科学版）》2016年第2期。

哲学性质的理解。马克思主义历史哲学与其他相关哲学形态的关系问题，可以借鉴和依循此逻辑理路予以揭示。

首先，可以从历史哲学与辩证法的视域交融的角度出发，透视马克思主义历史哲学与辩证唯物主义的“互证”关系。马克思主义历史哲学是辩证的历史哲学，辩证唯物主义是历史的辩证法。马克思对辩证法的理解是具体的历史的，这种理解建基于其对历史的把握，而对历史的把握又反映了马克思辩证法的实际运用，这一点在马克思对人类社会形态的分析中可以得到直观的体现。人类社会发展的形态问题始终是史学界关注与争议的焦点，不同观点似乎都能在马克思的论述中找到依据，马克思曾在《〈政治经济学批判〉导言》《1857—1858 年经济学手稿》和“致查苏利奇的复信”等不同时期的文本中，阐述了他对人类社会形态演进的看似互相矛盾的三种观点，即从原始社会、奴隶社会、封建社会、资本主义社会到共产主义社会的“五形态”说，“人的依赖性”“以物的依赖性为基础的人的独立性”“以人的自由全面发展和共同生产能力为社会财富的自由个性”的“三形态”说，以及“原生类型”“次生类型”“再生类型”的“三类型”说。实际上，马克思的三种说法采用的是不同的标准。马克思认为，人类社会的发展趋势总体而言是由低级形态向高级形态发展，但这一趋势又并非完全线性，对人类社会形态以不同标准进行的三种划分，正是他辩证地理解历史发展的普遍性与特殊性，全面地考察人类社会形态存在的诸种可能性的结果。马克思将资本主义视为人类社会形态发展的当下形态，以西欧资本主义社会的具体个案为起点研究人类社会形态更替的普遍规律，而这也意味着马克思必然要从暂时性的方面去理解这一形态的生成和未来走向，从而对人类社会形态及其变化形成整体性的把握。同时，马克思反对将人类社会形态进行单一化解释，坚持以发展的眼光进行人类社会历史研究，进而提出“三形态”说和“三类型”说，这是借助不断获取的大量历史事实和经验材料对“五形态”说予以补充、完善的尝试。由此可以看出，马克思主义历史哲学是具备辩证唯物主义的辩证法意蕴的历史哲学，它对历史的研究是从具体出发以阐明普遍趋势，展现了马克思从历史特殊性、暂时性的角度把握资本主义社会的辩证法视域，在此视域中生成和建构了历史性原则，这既彰显了马克思主义历史哲学辩证的、批判的、革命的本质特征，又使辩证唯物主义在历史的视域中得以证成。

其次，可以从对历史理解的全面性这一角度出发，透视马克思主义历史哲学对历史唯物主义的包容关系。澄明和辨清马克思重构的历史哲学与其原创的历史唯物主义之间的关系具有学术价值，尤其是当区别两者之不同关涉马克思主义哲学性质的理解时，显得更加必要。大多数学者并不过多关注它们之间的差异，而是在一种模糊的或含混的意义上将两者交替使用。当然，对这一问题的论述与阐明，不仅因两者同样重视对“历史”的研究而难以比较，而且受制于马克思的后继者对马克思主义哲学的理解路向。对此，从学界对马克思主义历史哲学和历史唯物主义关系探讨的两种代表性观点便可得知，对二者的区分和辨析并非简单易行。

一种观点是从研究内容和对象上对两者关系予以辨析。他们认为，通过分析历史本体论、历史规律论、历史认识论等内容维度，可以判断马克思主义历史哲学与历史唯物主义间的关系：历史唯物主义实际上是作为马克思主义历史哲学的方法指导而存在，但两者间并非全然是指导与被指导的关系，马克思主义历史哲学在内容对象上存在着对历史唯物主义的突破。受历史唯物主义指导的马克思主义历史哲学并未因受其指导而变得同历史唯物主义“亦步亦趋”，它不是对历史唯物主义研究对象、观点和结论的重复探索，而是有着自身的确定内容，并未局限于历史唯物主义的理论内容之中。这一确定性内容体现在，马克思主义历史哲学对历史唯物主义研究内容和对象的突破或拓展，是因其不仅客观上涉及历史本体论与历史规律论，而且较多地关注到了历史认识论。①

另一种观点是从内部的理论关联上对两者关系进行探讨。他们认为，历史唯物主义是马克思主义历史哲学得以建构和存在的理论来源和本体论基础，马克思主义历史哲学包纳历史唯物主义。这既是由于马克思通过对自维科而始的西方传统历史哲学的批判性反思与颠覆性重建，终结了建基于唯心主义世界观之上的思辨历史哲学，进而确立

① 参见周世敏《对马克思主义历史哲学的再认识》，《江西社会科学》1991 年第 6 期。

起唯物主义世界观基础之上的历史哲学体系，使得历史唯物主义构成马克思主义历史哲学的理论内核和源头；[①] 也表现在历史唯物主义从属于历史哲学的范畴，其作为一种历史哲学实现了对历史的抽象阐释方式的确立、过程性理解方式的提出、“从后思索”方式的建构，构成马克思主义历史哲学的本体论基础和方法论来源。[②] 更为直接的观点则明确提出马克思主义历史哲学与历史唯物主义之间存在包含与被包含的关系：就理论衍生或演进的历程而言，前者是马克思对哲学、历史学、经济学等时代之切近问题的集中研究成果，后者则是纯粹哲学史内部演绎的结果；就理论本质内涵而言，马克思主义历史哲学既致力于澄明历史本体论，又包括对历史认识论、历史方法论和历史价值论的阐明。马克思主义历史哲学包含历史唯物主义相关结论的同时，也为马克思进行历史阐释提供“中介、前提、视野和方法”。[③]

总体而言，学界的两种观点都承认马克思主义历史哲学与历史唯物主义之间存在区别，并且试图对它们进行一定程度的区分与划界，虽因未能完全区别它们所指涉的

---

① 参见余晓玲、刘同舫《马克思主义历史哲学：在史学与哲学之间》，《天津社会科学》2013 年第 2 期。

② 参见杨耕、张立波《历史哲学：从缘起到后现代》，《学术月刊》2008 年第 4 期；段忠桥《历史唯物主义是马克思主义的历史哲学》，《史学理论研究》1998 年第 1 期。

③ 胡刘：《论马克思历史哲学与“历史唯物主义”的关系》，《山东社会科学》2017 年第 4 期。

“历史”，而不能对两者间的关系给出清晰的证明，但学者们力图从历史研究的全面性上把握两者的关系，也逻辑自洽地揭示了它们之间可能存在的“明显”差异，即马克思主义历史哲学涵盖了历史本体论、历史认识论、历史方法论、历史价值论、历史审美论等历史研究的全部内容，历史唯物主义则以揭示历史研究的本体论与方法论为己任。笔者认为，历史唯物主义是作为马克思主义历史哲学的核心内容而存在，两种哲学形态之间应当是一种包含关系，即马克思主义历史哲学包含了历史唯物主义的内容。①

最后，可以从历史对实践的反思性推动作用的角度出发，透视马克思主义历史哲学与实践唯物主义的“互变”关系。历史是过去的实践，实践是具有历史性的人类活动。从研究视野看，马克思主义历史哲学、实践唯物主义的同一之处或许在于，它们或以“历史的眼光”看待实践，或从“实践的观点”出发解释历史。而这又容易导

---

① 学界对马克思主义历史哲学和历史唯物主义之间的关系，还存在诸如“历史唯物主义就是马克思主义的历史哲学”（参见段忠桥《历史唯物主义是马克思主义的历史哲学》，《史学理论研究》1998 年第 1 期，第 132 – 136 页）和“历史唯物主义是一种历史理论而非历史哲学”（参见庄国雄《历史哲学和马克思的历史理论》，《复旦学报（社会科学版）》1992 年第 2 期，第 26 – 32 页）等观点。而笔者认同文中所述学者的观点，即历史唯物主义与马克思主义历史哲学存在差异，但具有深刻的关联，历史唯物主义是作为马克思主义历史哲学的一种方法论而存在，马克思主义历史哲学包含了历史唯物主义，前者以后者为方法论，具体指导历史发展和分析历史问题。

致对过去的实践和当下历史的误解，正因如此，对两者的理解实际上可能呈现出“忽此忽彼”的状态。这一状态可能致使我们过于关注马克思主义历史哲学显性表征的实践倾向、实践定位或实践意识，将马克思主义历史哲学视作实践的或功用的历史哲学，而使其与实践唯物主义的关系变得“暧昧不清”。马克思主义历史哲学并非对历史规律进行主观臆想或预设，并借此以意识形态化的方式实现革命的行动，[①] 而是通过对历史本身及其规律的阐明唤醒历史主体的自我意识，进而助推现实的共产主义运动。从根本上看，实践唯物主义致力于从实践的观点和视野出发认知世界、解释世界并最终改造世界，但马克思对实践的阐释并不是“撇开历史”的抽象的“实践”观念，而是基于他对实践历史性即从具体、现实的人类活动的剖析，通过对人类社会的资本主义形态的生成过程、发展趋势的诊断而得以实现。在《关于费尔巴哈的提纲》中，马克思历数一切旧唯物主义和全部唯心主义的缺陷，并着重地批判了费尔巴哈对人的本质的抽象理解，认为费尔巴哈对社会生活缺乏实践的理解使其对事物的考察脱离“历史的进程”。[②] 马克思的批评不仅直观地表明了实践唯物主义的本质特征，即从主体的方面认识和理解世界，通过展开对现存世界的“革命的”“实践批判”的活动，实现解

---

① 参见［德］约恩·吕森《我对历史哲学的几点认识》，《历史研究》2016 年第 3 期。

② 《马克思恩格斯文集》第 1 卷，人民出版社 2009 年版，第 501 页。

释世界与改造世界的双重目的；而且隐晦地揭示了实践唯物主义与马克思主义历史哲学的关系。马克思主义历史哲学对实践的理解是历史性的，对历史的理解又置于实践之中；马克思主义历史哲学以历史为原则对实践予以规范性阐释，实践唯物主义以历史主体活动为线索对历史展开追溯性解释。

由此，厘清马克思主义历史哲学与实践唯物主义的关系，能够通过马克思对历史与实践即人的自由自觉活动之间的关系的阐释加以表明："历史不过是追求着自己目的的人的活动而已。"[①] 这一论断具有双重含义，历史是人类实践的产物；人类实践具有过程性即历史性。第一重含义意味着，历史在人类实践活动中得以建构和生成，实践在空间上的展开和时间上的延续构成"结构性的历史"和"过程性的历史"。[②] 以阐释历史为本质的马克思主义历史哲学要以实践唯物主义所确立的实践观念为导向，以人类实践活动为历史叙述、历史说明和历史规律的实质性内容。第二重含义意味着，以推动人类现实活动为目的的实践唯物主义要实现对实践的准确理解、发挥实践指导功能，必然要以明晰以往人类活动的历史样貌和人类未来活动的历史趋向及主题——历史的客观规律为前提。也就是说，实践唯物主义追求的解释与改造世界的根本目的，需

---

① 《马克思恩格斯文集》第1卷，人民出版社2009年版，第295页。

② 参见林默彪《历史的经纬：马克思历史哲学的四重分析维度》，《福建论坛（人文社会科学版）》2020年第9期。

要发挥马克思主义历史哲学的历史阐释功能。马克思主义历史哲学与实践唯物主义之间的内在关系要求我们从历史阐释中激发实践唯物主义对现实行动的指导功能。

三、拓展哲学形态的研究视野

从历史哲学的本质、意义与当代处境来看，马克思主义历史哲学的未来发展应该注重不断拓展研究视野，着力在以下三个方面下功夫：在认识论上，需要认识其存在的重要性，并强化基础理论的深度研究；在方法论上，要进一步加强同其他历史哲学的比较研究；在价值论上，要不断挖掘其具有的中国意义与世界意义。

首先，从认识论层面提高对当代中国马克思主义历史哲学重要性的认识，自觉加强基础理论研究，使其回归应有地位。在人类历史已然走向世界历史的当今时代，哲学仍旧充当着引领人类未来走向的关键作用。也正因此，不断以哲学思维观照包括政治、社会、文化、价值、生态等各领域问题，进而形成侧重点不同的哲学形态，成为当代哲学研究者的自觉意识和自为行动。但在各种形态哲学蓬勃发展之际，沉潜于哲学研究之基础层面的历史哲学在诸多“显学”中黯然失色，历史哲学之于当今人类的重要性被忽略乃至抹杀。之所以要强调和格外关注马克思主义历史哲学在内的历史哲学，出发点在于，作为对关乎人类生存境况与发展走向的整体历史或全部历史的反思性研究，历史哲学特别是马克思主义历史哲学的重要性未能被给予应有重视。但这并非历史哲学在当代的境遇，而是历史哲学的一种“悖论性”遭遇——历史哲学虽被作为一种哲学形态予以承认，却始终饱受争议。就连赋予历史哲学以合法化地位的黑格尔历史哲学也难以幸免，尽管人人声称黑格尔哲学充满了“历史的厚重感”，但作为德国古典哲学之集大成者，黑格尔最为人所瞩目的作品并非《历史哲学》而是《哲学史讲演录》，是辩证法而非历史哲学。历史哲学遭受的不公待遇，并非因为没有进入到人们的视野和意识，反而是以一种看似“正常”的状态真实存在于现当代的哲学研究中。英国历史哲学家 W. H. 沃尔什在《历史哲学导论》一书中认为，我们的哲学研究中存在一种颇为吊诡的现象：基于历史和哲学基础的哲学研究者致力于探讨自然科学与数理逻辑，而对同他们的研究更为密切相关的“历史学家们的程序与陈述的问题”即以哲学把握历史的问题却几乎不予关注，其中的缘由是多重的，但无论如何都不应成为漠视历史阐释工作的借口。正因如此，沃尔什试图以“导论”唤起哲学家们对历史问题的关注，凸显历史哲学在哲学研究中的应有地位。[①] 尽管沃尔什以普遍的历史哲学作为呼吁的对象，与我们所致力于探讨的马克思主义历史哲学具有对象上的非一致性，但他所揭示的历史哲学发展过程中的整体遭遇已经部分地反映了马克思主义历史哲学的真实处境。

---

① ［英］W. H. 沃尔什：《历史哲学导论》，何兆武、张文杰译，北京大学出版社 2008 年版，“第一版序言”第Ⅺ页。

马克思主义哲学无论是作为意识形态的观念或是学术研究的对象，已然受到当代中国乃至世界众多研究者的关注，层出不穷的马克思主义哲学研究成果即是明证，但马克思主义历史哲学却并未如同政治哲学等随着马克思主义哲学的整体发展而受到应有的重视。近年来，政治哲学“异军突起”，围绕“政治哲学为何”“政治哲学何为”“政治哲学如何作为”而展开的论述与探讨，俨然有将政治哲学作为马克思主义哲学全部内容的倾向和趋势，似乎马克思主义哲学就是政治哲学。不仅如此，方兴未艾的马克思主义政治哲学研究，正日益朝着“伦理化”的方向前进。哲学的目的在于确立此岸世界的真理性并为当下历史服务，政治哲学过多地致力于凸显本身的建构性功能而趋向对未来政治图景进行构想或规划，却恰恰使自身逐步脱离对现实历史即“实然”的解释与改造。政治哲学的“伦理化”不只是对过去历史、当下历史的一种轻视，也是对未来历史的失责，而对此种现象的矫正必然只能回归于历史阐释，进而有赖于马克思主义历史哲学在当代哲学研究中的“归位”。“归位”意味着马克思主义历史哲学始终在场，只是由于人为的忽略、遮蔽使其在现实的生活中隐而未彰。实现马克思主义历史哲学的“归位”，理应深化历史哲学在马克思主义哲学中的定位研究，提高对马克思主义历史哲学重要性的认识，加强对马克思主义历史哲学相关基础理论问题的研究。

其次，从方法论层面加强当代中国马克思主义历史哲学与其他历史哲学的比较研究，在凸显其超越性的基础上推进其发展。马克思主义历史哲学从来不是、现在也不是历史哲学的全部，在其以一种新的历史观宣告以往历史哲学走向终结的同时，又开启了历史哲学的崭新发展阶段，尽管由此而获得新生的历史哲学并未始终朝着马克思所开辟的路线直线前进。以历史及其规律为研究对象或以阐释历史为根本志业的历史哲学之发展，最为基础的工作之一，应在于问询自身历史。此种问询必然是纵向与横向的交叉，即历时性与共时性的并行。从纵向的历时性维度展开对马克思主义历史哲学的自身历史探明或问询，理应将马克思所批判和承续的西方传统历史哲学纳入比较之中。纵向比较得以进行的前提在于定位与马克思主义历史哲学存有关联的历史哲学的起点，而这恰恰是一项具有挑战和争议的工作。正如大多数历史哲学研究者所公认的，维科作为普遍意义上的历史哲学开创者，他的历史哲学与马克思主义历史哲学存在某种关联性，但其历史哲学思想却并非历史哲学的源头。这一溯源性工作或许应再度返回到奥古斯丁乃至更前的历史。[①] 因此，马克思主义历史哲学与其他历史哲学的比较，不仅包括其与以“原始的历史”为本质的古希腊历史哲学、以神学为中心的奥古斯丁神学历史观、维科的历史哲学及启蒙思想家的进步历史观关系

---

① 有学者认为，历史哲学的正式形成虽是在维科的《新科学》一书，但历史哲学的思想或许早已在古希腊历史学之中萌芽，历经中世纪的神学历史观、文艺复兴时期的人文主义历史观，最终由维科定型。（参见杨耕、张立波《历史哲学：从缘起到后现代》，《学术月刊》2008年第4期）

的讨论，更为重要的是其与康德、黑格尔关系的探讨。这是因为存在于马克思主义哲学中的两种分歧颇大的阐释路径（尽管两种路径同时存在偏颇和不足之处）——马克思的“近康德阐释”与马克思的“近黑格尔阐释”——使我们不得不重视这两位哲学家对马克思主义历史哲学的影响。当然，强调康德历史哲学、黑格尔历史哲学同马克思主义历史哲学的关系绝非上述两种阐释路径在马克思主义历史哲学中的直接延伸或照搬，其恰恰是马克思主义历史哲学的变革意义或超越性在纵向历史上的凸显。

马克思主义历史哲学的变革意义在横向历史维度上的凸显，则有赖于借助马克思主义历史哲学与其同时代其他历史哲学的比较，这要求从思辨的历史哲学、分析的历史哲学和马克思主义历史哲学的关系中展开分析。在《历史哲学导论》中，沃尔什对思辨的历史哲学与分析的历史哲学进行了明确界定，即认为前者主要致力于对历史规律的探寻，后者主要致力于对历史知识的理解及其性质的思考，为我们区分历史哲学的不同类型提供了参考，但其对马克思主义历史哲学“是黑格尔历史哲学的一个修订版”[①] 的误识，要求我们严格区分马克思主义历史哲学与思辨的历史哲学、分析的历史哲学的本质差异。正如有些学者所提示的，沃尔什的划分视野、依据与立场实际从属于西方唯心主义的理论阵营，而在另一截然对立的阵营

---

① ［英］W. H. 沃尔什：《历史哲学导论》，何兆武、张文杰译，北京大学出版社 2008 年版，第 158 页。

中，历史哲学具有唯物主义的基础。[①] 马克思主义历史哲学根本上不同于思辨的或分析的历史哲学，比较马克思主义历史哲学与此两种历史哲学的异同，不仅是凸显马克思主义历史哲学超越性的基本路向，而且关涉马克思主义历史哲学乃至马克思主义哲学的理论性质，具有重要的方法论意义。

最后，从价值论层面加强马克思主义历史哲学的中国意义及世界意义研究，在展现其民族性的基础上挖掘其人类性。被英国历史哲学家杰弗里·阿勒克拉夫视为“唯一历史哲学”的马克思主义历史哲学，不仅是由于其实现了对以往历史哲学的根本变革而与众不同，更因其作为一种哲学形态对于现实人类世界的指导意义而具有崇高的价值，这一价值或意义集中地体现在马克思主义历史哲学所指涉的全部内容中。值得辨明的是，在现代深入发展、全球化趋势不可逆转的世界历史中，中国与世界的深度交融程度已然无法简单地以“自我”和“他者”的非此即彼关系予以表明，两者之存续和发展具有强烈的相关性。在这一背景下，马克思主义历史哲学之于中国和世界的意义，必然要从特殊性与普遍性的统一中得以生发，因而在其指涉的内容上，并不能在所有方面都将中国意义与世界意义截然分割，而是民族意义与人类意义的相互渗透、转化。

---

① 参见何兆武《从思辨的到分析的历史哲学》，《世界历史》1986年第1期。

当代中国马克思主义历史哲学的价值具体体现在历史本体论、历史方法论、历史认识论、历史审美论等内容中：其一，在历史本体论上的价值在于，基于对“观念历史”“抽象历史”的拨正，而使自身所具有的意义突出地表现为对客观历史及其规律的反思和阐释，这一客观历史及其规律既包括以中华民族五千年悠久文明史、中国革命史、新中国国史、改革开放史等为主体的中华民族史及其规律，也包括世界各国历史在内的人类文明演进的总体历史及其规律，两者作为马克思主义历史哲学进行历史阐释的根本对象，成为当今中国与世界进行历史审视的客观内容。其二，在历史方法、认识视野上的价值在于，马克思主义历史哲学作为对黑格尔等人思辨历史哲学的批判发展，确立了审视历史、研究历史的基本方法，为反思既有的研究方法与认识路向提供理论前提，此方法的凝练表达与当代形式可以鲜明地以“实事求是”予以概括，其最为核心之处在于，强调历史客观性的同时，注重对待历史和实践的辩证态度；在运用辩证法的同时，紧扣历史和实践的基础；要求在认识世界、改造世界的过程中掌握辩证思维、实践立场、历史视野。其三，在历史审美上的价值在于，马克思主义历史哲学将现实的人的自由自觉活动把握为全部人类历史存在与发展的基本前提，在确立历史的唯物主义立场的同时，洞悉了推动人类历史发展的根本动力，从而提供了必然要求遵循的历史客观规律，以及我们向后追问自身历史从何而来、定位当下历史何以产生、向前研判未来历史何以可能的基本出发点。这意味着，现实的人及其实践活动是当今中国和世界之一切存在、发展的前提和动力；同时，作为历史创造者的人民理当成为审视历史与实践的根本价值立场与价值评判者。

建构符合时代主题和精神的马克思主义哲学形态及其知识体系具有现实性和紧迫性，“马克思主义哲学多种形态的共生共荣，是中国马克思主义哲学研究繁荣发展的必由之路”[①]。当代中国马克思主义历史哲学作为马克思主义哲学的特定理论形态，致力于通过阐释历史及其规律回应现实与实践问题，进而助推实践发展。它所实现的历史观变革，使马克思主义哲学具有同以往哲学根本不同的性质。时代呼唤马克思主义历史哲学的在场与复归，当代中国马克思主义历史哲学应当受到与政治哲学、社会哲学和文化哲学同等乃至更多的关注。在新时代，构建马克思主义历史哲学的“中国版本”和“当代版本”，以准确客观地阐释历史为己任的当代中国马克思主义历史哲学的未来发展，既应当在深化基础理论研究的过程中夯实根基，在加强比较研究的过程中凸显其超越性，也应明确它之于当今中国和世界的价值，使当代中国马克思主义历史哲学的发展裨益于现实。从哲学形态的角度研究马克思主义哲学，有利于进一步推进中国马克思主义哲学的构建，为中国马克思主义哲学的繁荣发展提供不竭的活力与丰富的资源。

---

① 徐素华：《论当代中国马克思主义哲学的存在形态》，《哲学研究》2005 年第 7 期，第 33 页。

第二章

21 世纪马克思主义哲学研究路径反思与创新

内容摘要

当代中国马克思主义哲学研究存在三种基本路径：经典文本解读、西方马克思主义研究以及从“走近马克思”到“走出马克思”。在解读经典文本的过程中存在“过度诠释”、误读的倾向；在借鉴西方马克思主义、推进中国马克思主义哲学研究中存在对“批判的批判”进行“辩护”和盲目追随的嫌疑；在探索“走近马克思”到“走出马克思”的实践中，不免陷入“回到马克思”却“停留于马克思”的窠臼。当代中国马克思主义哲学研究迫切需要对现有研究路径进行反思与匡正：将文本书写逻辑前置于文本解读逻辑，以文本承载的马克思思想为文本解读的核心内容；辩证地对待西方马克思主义，深入挖掘其问题意识并透视其开放性；实现从“理解马克思”到“运用马克思”和“发展马克思”的研究新路径，形成突破马克思主义哲学研究困境的理论意识自觉。

当代中国的马克思主义哲学研究存在三种基本路径：解读经典作家的文本和思想、借鉴西方马克思主义研究成果推进中国的马克思主义哲学研究，以及从“走近马克思”到“走出马克思”。21世纪以来，中国的马克思主义哲学研究承继传统研究路径，形成了数量众多、质量上乘的研究成果，为马克思主义哲学的中国化、时代化和大众化做出了卓越贡献。但细究马克思主义哲学研究者对这三种研究路径的运用，仍有不容忽视甚至“事关重大”的问题，如在经典文本研究的过程中存在“过度诠释”、误读的解读倾向，在西方马克思主义研究过程中存在对“批判的批判”进行“辩护”的嫌疑，在从“走近马克思”到“走出马克思”的过程中出现“回到马克思”却“停留于马克思”的现象。能否前瞻性地对上述一系列问题予以纠正，关乎21世纪马克思主义哲学研究路径之创新与自觉理论意识的养成与否。

一、经典文本的“过度诠释”及其回归

马克思、恩格斯所撰写的经典文本承载着马克思主义创始人的伟大智识和思维成果，成为马克思主义哲学研究的蓝本和依托，其学术价值和理论意义不仅未随着时空的流变而褪色，反而愈加深刻地散发和折射出真理之光。经典文本的存在为马克思主义哲学研究提供了最根本、最可信、最贴近的研究路径，使进一步挖掘马克思主义哲学的本质精神、时代价值和历史使命成为可能。

21世纪以来，在全球化浪潮的时代背景下，学界以解读和阐释以及“再解读”和“再阐释”马克思、恩格斯经典著作的方式，对马克思主义哲学进行了深度研究和思考，取得了丰硕成果，但也存在着以主观阐释代替客观文本事实的“预设性”解读或脱离文本意旨的“过度诠释”倾向。在此，以学界对马克思主义最具代表性的文本、“经典中的经典”——《共产党宣言》（以下简称《宣言》）的研究为例，具体说明马克思主义哲学研究文本解读路径的共同性特征。

学界对《宣言》的研究围绕“纪念《共产党宣言》发表160周年”与“纪念《共产党宣言》发表170周年”两个时间节点呈现两次高潮，在这一过程中，研究者对《宣言》的解读存在两种倾向。

一是在立足文本的基础上，将目光聚焦于当代人类社会的重大理论与现实问题，力图以“时代问题”引领“研究转向”。通过对《宣言》的文本解读，深入挖掘其核心思想和哲学旨趣，以此为解决“时代问题”提供理论支撑。如在第二届世界马克思主义大会上，一些专家学者从“全球化”“人类命运共同体”等当前人类社会面临的重大理论与现实问题出发，阐释《宣言》蕴含的空间逻辑及其历史意义，从“资本主义的空间逻辑”“共产主义的空间逻辑”及两者与“人类命运共同体”的关系等角度对人类社会发展的现实道路、未来走向等问题进行深入讨论和思考。①

二是基于解读者的认知、传统研究成果以及当代社会思潮的发展，对《宣言》的精神及其在马克思主义中的历史地位和作用呈现出“过度诠释”、误解甚至曲解的倾向。如有学者通过理解《宣言》中关于“资本主义扩张”“世界市场”的论述，提出《宣言》蕴含着马克思的“全球化”思想，存在着忽视文本内容、过度诠释马克思思想的问题；有学者通过将《宣言》与马克思晚年时期的经典文本进行对比考察，认为马克思青年时期与晚年时期的思想存在差异，提出“两个马克思”的观点，以马克思主义的“断裂性”取代马克思主义的一贯性；部分西方“马克思学”学者通过对《宣言》与《共产主义原理》的比较研究，从“历史观对立”和“共产主义观对立”的角度出发，提出“《共产党宣言》—《共产主义原理》问题”，以马克思、恩格斯思想关系的差异性和片面性取代其整体性和全面性，并由此衍生出“马恩对立观”，给新世纪马克思主义哲学研究者解读《宣言》造成了一定影响；还有部分学者受新自由主义思潮的影响，兜售“《宣言》过时论”，将《宣言》的真理性弃置于时间洪流。

《宣言》的第一种解读倾向，总体上是值得肯定的，

① 参见宋朝龙《〈共产党宣言〉的空间逻辑与人类命运共同体的构建——第二届世界马克思主义大会纪念〈共产党宣言〉专题述评》，《学术论坛》2018 年第 3 期。

因“文本的‘世界’可以突破作者的世界”[1]。《宣言》的发表作为马克思主义诞生的标志性事件，体现了马克思、恩格斯在当时社会历史条件下对资本主义社会做出的深刻批判和对共产主义社会的科学预见。但马克思、恩格斯等经典作家也告诫后来者，《宣言》原理的实际运用须“随时随地都要以当时的历史条件为转移”[2]，以发展着的理论成为现实世界的认识论和方法论，“这意味着后来的读者理解它可以去当初的语境，同时又通过他们的理解和阐释在新的历史条件下将此文本重新置于一个语境中”[3]。

《宣言》的第二种解读倾向，则应该辩证看待。一方面解读者充分发挥了主观能动性，在对文本进行翔实的考察和研究的基础上，提出较为创新的观点和论断，且不论其结论是否正确，仅就其批判的学术精神来说，对研究马克思主义哲学不无益处；另一方面，解读者未曾将自身置于文本的原初语境，而以主观主义的思维方式来进行文本的解读，因此便存在解读者从“我”的存在条件、时空语境入手，主观地进行文本解读。有学者认为，“在解读哲学文本时，始终存在这样的问题：进入一个异己的文

---

① Paul Ricoeur. *Hermeneutics and the Human Sciences*, ed. & tr. by John B. Thompson, Cambridge: Cambridge University Press, 1981, p. 139.

② 《马克思恩格斯文集》第2卷，人民出版社2009年版，第15页。

③ 张汝伦：《文本在哲学研究中的意义》，《哲学研究》2019年第1期。

本，放弃早先的‘我’以接受由作品本身授予的自我”①。可见，在进行经典文本解读时，存在“早先的我”与“文本赋予的我”的关系，只有透过后者的观察，才能避免经典文本解读者以“主观臆想”代替文本的“客观展现”。

经典文本作为马克思主义思想家的“精神存在”和“生命延伸”，是 21 世纪马克思主义研究者“穿越时空”与经典作家对话、沟通的“信息传输工具”，而如何实现古今交流通畅并避免“信息失真”，关涉文本研究者能否回归文本形成的原初语境，合理阐发文本的时代之思以及有效掌握文本的主旨意涵等问题。“正如普通人一样，记忆中事件的形式和意义，好象物质对象的体积和速度，将随观察者的时间和空间而发生差异”②，在马克思主义诞生 170 余年后的今天，时空境遇的剧烈变换，使文本的现实力量与历史价值之间的内在张力日益凸显，作为“当代人”的文本解读者与作为“历史人”的经典作家之间的对话，必然面对着张力扩大的挑战和弥合张力的任务。在当代中国的马克思主义哲学研究中，如何认识和放置文本解读者与文本、“当代人”与“历史人”之间相互关系的问题日益突出。将历史唯物主义的致思方式和阐释路向运用于马克思主义哲学文本研究的全过程，或许是解决这

---

① Paul Ricoeur. *Hermeneutics and the Human Sciences*, ed. & tr. by John B. Thompson, Cambridge: Cambridge University Press, 1981, p. 190.

② ［美］卡尔·贝克尔：《人人都是他自己的历史学家：论历史与政治》，马万利译，北京大学出版社 2013 年版，第 274 页。

一问题的可行办法。

第一，尊重客观存在的文本书写逻辑，回归经典文本的原初语境。这是当今马克思主义哲学研究者正确理解文本及其内在思想的前提。文本解读者在现时条件下，对文本的解读具有主动性，文本只有进入解读者的视野、理解中才能展现其“真实世界”，在这一意义上，解读者之于文本似乎具有“先在性”。“而真理发现和言说的文本个体性形式，则使文本作者具有话语的优先权和思想本义的原始规定性，解读者对其不能随意曲解、恣情演绎。”①文本既已按照经典作家的本意进行构思、书写并沿存至今，由其原初语境决定的内在规定性便不能任由解读者无限制地阐释。在通过解读经典文本的路径推进马克思主义哲学研究的过程中，如果无涉其生成的原初语境，便难以实现对文本思想原义的准确理解。因此，要理解文本，须回归文本的原初语境，将文本置于其生成的社会历史条件下进行解读和阐释，完成“当代人”与“历史人”的“场景置换”和“视野转换”，将“历史人”的文本书写逻辑前置于“当代人”的文本阐释逻辑，按照作者的“原样”去阅读著作，唯有如此，当今的马克思主义哲学研究者才能置自身于文本生成的“历史在场”，借以明晰文本所指向的问题、所诉求的目的。

第二，经典文本所承载的思想关涉马克思主义哲学的核心研究对象，是当今马克思主义哲学研究者的“理论

---

① 胡潇：《解释学视域中的马克思》，《哲学研究》2006年第8期。

跳板”。在对马克思、恩格斯经典著作进行解读时，文本并不是研究者所关注的重点，而只是借以实现自身目的的辅助性工具，重要的是穿过文本表层的“文字表达”，透视甚至进入文本深层的“内容空间”，聚焦文本之内、文字之中的精神、思想及意义。“对象，只有对象自身的内容才是我们科学研究应该追求的真实性所在。解读，重点关注的是解读主体，对象的内容决定于主体的理解；研究，重点关注的是被研究的对象，解读的结果应该力求符合对象”①，在进行马克思、恩格斯经典著作研究的过程中，不可忽视以下三个方面：首先，文本研究所关注的是文本的真理性内容、本质精神；其次，文本研究者的认知能力、思维方式将影响对文本真理性内容的理解，因人而异，结论或有偏差甚至对立；最后，文本研究者的个体偏差会导致解读结果有差异，但文本的真实内容不应该由解读者“天马行空”地任意解读，而应该以文本的真理性内容为基础进行合理的思维“跃迁”和历史性发挥，不能以“书写的多样性取代理论的正确性”②。

二、西方马克思主义的盲目追随及其匡正

西方马克思主义的核心特征是“从人本主义、主体

① 陈先达：《马克思恩格斯经典文本研究的双重视角》，《中国社会科学》2014 年第 11 期。

② 陈先达：《马克思恩格斯经典文本研究的双重视角》，《中国社会科学》2014 年第 11 期。

性来理解历史辩证法和马克思主义”[①]，在旨趣和逻辑上有别于马克思主义经典作家所代表的正统马克思主义。20世纪70年代末，中国的西方马克思主义研究工作肇始，其研究对打破长期以来中国马克思主义哲学研究中存在的僵化模式、教条方式和狭隘格局有不可忽视的作用。改革开放以来，在西方马克思主义的持续影响下，中国马克思主义哲学研究从苏联哲学教科书体系占支配地位的理论哲学中挣脱出来，实现了“从‘实体性哲学’到‘主体性哲学’，再到一种‘后主体性哲学’或‘实践哲学’的急速转变”[②]。基于西方马克思主义在中国马克思主义哲学研究转向过程中的历史性贡献和持续性影响，产生了以怎样的态度对待西方马克思主义的问题。如何能够既不丧失中国马克思主义哲学研究的独特性而又能将西方马克思主义的精华纳为己用，是当今中国马克思主义哲学研究者应当积极应对和思考的问题。

从20世纪70年代末开始，中国引介“西马”的马克思主义哲学研究路径便已开启。从徐崇温的《西方马克思主义》（1982年）出版起，国内掀起了研究西方马克思主义的热潮，成果以专著、论文等形式不断面世。从研究对象来看，或以人物研究为中心，诸如卢卡奇、葛兰西、马尔库塞和阿尔都塞等早期西方马克思主义代表学者；或

---

① 胡大平：《西方马克思主义哲学概论》，北京师范大学出版社2010年版，第3页。

② 王南湜：《马克思哲学的近康德阐释（上）——其意谓与必要性》，《社会科学辑刊》2014年第4期。

以人物的某本专著为中心，如卢卡奇的《历史与阶级意识》等。从研究主题来看，不仅涵盖马克思主义的认识论和方法论，而且囊括了与“现代性”问题相关的人类社会现实和理论问题，如对资本主义的分析批判、对新自由主义的批判、市民社会理论等。西方马克思主义者的研究不仅在语言、思维等方面较之于中国的马克思主义研究者具有天然的“主场优势”，且他们致力于马克思主义研究的钻研精神、方式方法等主观因素同样值得关注和借鉴。正如习近平总书记在哲学社会科学工作座谈会上所言，“我看过一些西方研究马克思主义的书，其结论未必正确，但在研究和考据马克思主义文本上，功课做得还是可以的。相比之下，我们一些研究在这方面的努力就远远不够了”[①]。对西方马克思主义的学习借鉴表现了中国马克思主义哲学研究者的学习姿态，是当代马克思主义哲学研究的重要路径。值得警惕的是，学习西方马克思主义也可能陷入盲目追随的“危险境地”，或对其进行“停留于表面的研究”却对其关涉“问题的深入研究”不加探索，而有将“批判的批判”变为“辩护”之嫌疑。因此，如何对待西方马克思主义便成为当今中国马克思主义哲学研究的现实问题，理应予以匡正。

第一，辩证地、批判地对待西方马克思主义，避免盲目追随。“辩证”不仅关乎西方马克思主义理论本身，同

① 习近平：《在哲学社会科学工作座谈会上的讲话》，人民出版社2016年版，第11－12页。

样指向在研究西方马克思主义的过程中科学对待马克思主义及其与其他社会思潮关系的方式和态度，以及对自身思维成果的批判精神。西方马克思主义在近百年的马克思主义研究中，既有创新性的思想、观点和理论，也有认识论、方法论和本体论层面的缺陷和不足；既有对社会现实的批判，也有对资本主义及其制度的“辩护”。西方马克思主义的体系及其内容纷繁芜杂，对其不应该以“囫囵吞枣”之态全盘照收，而应当持有辩证的认知态度和批判的学术精神。从西方马克思主义理论自身来看，其本身就具有鲜明的自我批判和反思意识。1923 年，西方马克思主义的经典著作《历史与阶级意识》问世，作为西方马克思主义崛起的“开山之作”，卢卡奇在书中表达了对马克思主义的深刻理解，全书的主要内容和基本观点也直指马克思主义的本质。即便如此，这部著作同样存在重大缺陷，正如卢卡奇在 1967 年的新版序言中的反思所言：“与作者的主观意图相反，它在客观上代表了马克思主义史内部的一种倾向，这种倾向的所有各种表现形式，不论它们的哲学根源和政治影响是如何极不相同，也不论它们是愿意还是不愿意，都是反对马克思主义的本体论的根基的。”[①] 作者对待自身的思想理论成果尚且如此（尽管序言在一定程度上是他被迫对学者的“清算”所进行的回应，但也能够反映他的思想变化），当今中国马克思主义

---

① ［匈］卢卡奇：《历史与阶级意识——关于马克思主义辩证法的研究》，杜章智等译，商务印书馆 2009 年版，第 10 页。

者更应该以批判的精神探讨西方马克思主义，以辩证的态度和方法对待其思想理论成果。同时，西方马克思主义研究传统中具有崇尚辩证法的精神。卢卡奇在《历史与阶级意识》一书中将“关于马克思主义的辩证法研究”作为全书的副标题，明确“突出地将辩证法把握为马克思全部学说的本质根据”①，实际运用辩证法的思维方式，从“总体的观点”“异化问题”“阶级意识”等议题展开，驳斥第二国际理论家的“庸俗马克思主义”。批判的精神、辩证的态度既是马克思主义最宝贵的品质，也是西方马克思主义所推崇和践行的学术规范，当今中国马克思主义哲学研究理应在学习马克思主义和借鉴西方马克思主义的过程中一以贯之地坚守这种精神。

第二，具体地深入挖掘西方马克思主义的问题意识，探索中国马克思主义哲学研究之“问题域”。从发展史角度来看，西方马克思主义重大理论的形成，背后都隐藏着深刻的问题意识，关涉理论创造者对现实问题的观察、认知、体悟和把握。而这一“现实问题”究竟指向何处，意欲何为？如卢卡奇的《历史与阶级意识》表现出对社会问题的关注，且不论他的具体结论是否科学，其引发思考的出发点值得品味。《历史与阶级意识》发表之际，人类社会刚刚经历有史以来最悲惨和最瞩目的两大历史事件——第一次世界大战和俄国十月革命。这两次改变世界

---

① 吴晓明：《论〈历史与阶级意识〉的辩证法研究》，《马克思主义与现实》2017 年第 2 期。

历史进程的重大事件，分别从正反两个角度论证了“现存”的资本主义及其制度的不合理性，因而也成为卢卡奇批判性分析当代资本主义社会的问题意识来源。时过境迁，资本主义历经近百年的发展，使之从诸多方面对自身进行修补和“打磨”，从表面上看来似乎呈现出“向善”的趋势，但当今资本主义社会内部日益严重的贫富分化现象，仍为西方研究马克思主义的学者所觉察和关注，“当今社会的不平等正达到新的历史高度。这种不公平更难用文学来体现或通过政治手段解决，因为这种不公平不再是一部分上层社会对比大众，而是一种渗入各人口阶层的普遍的不公平”①，对社会问题的持续深入思考也成为其创作的现实起点。同时，深入挖掘西方马克思主义的问题意识，也要清晰地认识其生成的特定历史条件和理论目的。西方马克思主义者关注现实社会问题，实质上是关注其生活的资本主义社会的现实问题，无论他们以何种态度看待资本主义，从根本上都无法彻底超越资本逻辑的现实，故而最终为资本主义发展披荆斩棘、开辟道路，并为资本主义社会及其制度的合理性进行“辩护”。因此，当今中国马克思主义哲学研究者应当具体地分析西方马克思主义的问题意识，避免用“拿来主义”将其所关注的具体问题及其解决方案普遍化，洗清对“批判的批判”做“辩护”之嫌疑，以“取其精华，去其糟粕”之态度，立足中国

---

① ［法］托马斯·皮凯蒂：《21世纪资本论》，巴曙松、陈剑、余江等译，中信出版社2014年版，第434－435页。

特色社会主义之现实，不断开掘自身的“问题域”。

第三，透视西方马克思主义之开放性，拓展中国马克思主义哲学研究的路径。这一开放性兼及理论融合之“开放”、视野眼界之“开放”和研究方法之“开放”。一为理论融合之“开放”。体现为西方马克思主义融合各种哲学思潮的包容性。回顾西方马克思主义发展史，自其诞生以来就融合吸收各种非马克思主义哲学思想，并在内部衍生出诸多学派分支，诸如“存在主义的马克思主义”“弗洛伊德主义的马克思主义”“结构主义的马克思主义”“生态主义的马克思主义”“新实证主义的马克思主义”“分析学派的马克思主义”等。就派别的本质生成而言，其建基于西方马克思主义对马克思主义哲学的基本认知之上——“在他们看来，马克思主义哲学在其创始人那里就是一个‘开放’的体系”①。马克思主义哲学是在融会贯通前人哲学思想基础之上所形成的科学理论体系，时光流转至百余年之后的今时今日，如果没有对一切优秀哲学思想的吸收，便无以保持和展现当今马克思主义哲学之生命力。二为视野眼界之“开放”。在西方马克思主义对马克思主义的“人道主义”的理解方式中，在关涉“人”的问题（即人与人、人与自然以及人与自身的关系）及其解决上，可谓视野通透、论域广阔。从认知与解决人与人的矛盾方面看，西方马克思主义吸收资本主义与社会主

① 陈学明：《西方马克思主义研究在当今中国之意义》，《思想理论教育》2016 年第 3 期。

义经济制度的精华，提出“市场社会主义”理论；从认知与解决人与自然的矛盾方面看，西方马克思主义的重要学派——生态马克思主义致力于从“资本与生态的关系”来加以考察和分析，倡导以限制资本的逻辑解决生态问题；从认知与解决人与自身的矛盾方面看，西方马克思主义从马克思的人道主义思想出发，进一步将其归纳和阐释为马克思关于“人的本质规定的总体性”、“人的异化的整体性”以及“人的发展的全面性”，为解决人的单向度问题提供启示。① 三为研究方法之“开放”。西方马克思主义突破哲学的单一学科研究范式，实现了哲学与其他人文社会科学的交叉、综合。就历史与现实的综合结果看，主要且至少涉及政治学、政治经济学、历史学、社会学、生态学和地理学等学科，这一学科融合的趋势日益明显。多学科的研究方法和“广角镜”般的研究视角，也为西方马克思主义对理论和现实问题的探讨和研究带来更加全面的视野、更加真实的感观和更为科学的结论。值得反思的是，由于近代以来，东方文化在东西方文明冲突中处于弱势甚至是被统治地位，“西方中心主义”的思维致使西方马克思主义者在理论融合方面重点聚焦对西方哲学思潮的吸收和继承，轻视甚至无视非西方哲学尤其是以中国古代哲学为代表的东方哲学之精华，因此，其研究也存在着理论融合单一、视野眼界狭隘和研究方法欠完备等问题。

---

① 参见陈学明《西方马克思主义研究在当今中国之意义》，《思想理论教育》2016 年第 3 期。

当今中国马克思主义哲学研究者在透视西方马克思主义的开放性特质之时，理应从中国传统文化，尤其是中国古代哲学中汲取智慧，在兼及西方马克思主义的开放性之优势的同时，以中国文化之特性拓展理论边界、扩大研究视域和深化认知能力。

三、创新从“走近马克思”到“走出马克思”的新路径

21 世纪之初，中国马克思主义哲学研究者在反思马克思主义存在于中国社会的一个“悖论性现象”[①] 时，提出以“走近马克思”的方式实现马克思主义哲学从旧世纪向新世纪的跨越。时至今日，中国马克思主义哲学研究者对“走近马克思”之努力，已通过文本研究和西方马克思主义研究的路径取得较大进展，并在持续推进这一历史征程。但仅仅是“走近马克思”，甚或为“走近马克思”而进行经典文本以及西方马克思主义的学术研究，不仅无法满足和应对现实理论与实践发展的需要，而且由

---

① 有学者把这一“悖论性现象”解释为：当我们似乎离马克思主义哲学“最近”，即当我们对马克思主义哲学的原则和词句最为熟稔，甚至倒背如流的时候，历史却表明，马克思早已消失得无影无踪，剩下的只是我们自己的愚蠢、偏见和狂妄，此时，马克思实际上离我们无比遥远；可是，当我们似乎离马克思“最远”，即我们把眼光放到中国人的现实生活上，从实践出发进行创造性的思考之时，历史却恰恰证明，马克思就在我们身边，我们离马克思最近。（参见高清海、贺来《我们如何走近马克思》，《求是学刊》2000 年第 3 期）

此形成的“停留于马克思”之态势，似乎也有本末倒置之嫌。学理与现实的内在紧张，以及突破“停留于马克思”研究困境的迫切需要，促使当今中国的马克思主义哲学研究者开辟出一条马克思主义哲学研究的新路径——从“走近马克思”到“走出马克思”。那么，如何理解这一新路径，怎样实现从前者到后者的研究路径转向？

“走近马克思”的研究路径是从游离于马克思之外的状态向马克思靠近，或者说是“回到马克思”。“回到马克思”不是在物理时间上的穿越，而是精神思维上的回溯；不是回到文本，而是通过文本领会马克思的思想品格和理论境界。“书斋里的马克思主义、讲坛上的马克思主义，完全以学术研究为目的的马克思主义学者、左派学者，只要他们能从自己研究中得出一些有价值有意义的见解，值得欢迎，但应该明确的是，完全建立在对马克思、恩格斯经典著作自我解读、自我诠释、自我建构基础上的学术研究，只能是学者个人化的一种研究方式，它不能成为马克思主义者普遍认同的研究方法，更不可能是马克思主义政党坚持和发展马克思主义的正确道路。”① “走近马克思”或“回到马克思”，所关注的是当下人能否客观地把握马克思的思想，在这一过程中，思维的成果若无法被用于实践，稍有不慎便会陷入为研究而研究马克思，以致“停留于马克思”的危险和“纸上谈兵”的纯粹思辨和空

① 陈先达：《马克思恩格斯经典文本研究的双重视角》，《中国社会科学》2014 年第 11 期。

想。全部问题的关键在于：对全部理论的观察、理解和剖析，不应只停留于思维层面，而应致力于现实问题的解决。早在一个半世纪之前，马克思便已为自己及后来者立下使命："哲学家们只是用不同的方式解释世界，而问题在于改变世界。"[①] 马克思主义哲学的现实性、实践性特质，为突破"停留于马克思"的研究困境以实现从"走近马克思""回到马克思"到"走出马克思"的研究路径转换提供了理论逻辑。

改革开放 40 余年，中国在经济、政治、文化、社会和生态各个领域取得了决定性成绩与突破性进展。改革开放的伟大实践中蕴含的历史逻辑、理论逻辑和现实逻辑，为马克思主义哲学研究由"历史反思—理论探索—改革实践"到"现实总结—理论升华—实践深化"的梯次递进和螺旋式上升提供了坚实的实践经验与物质基础。改革开放的开启、推进和深化，离不开哲学理论研究者，尤其是马克思主义哲学研究者对其做出的理论支持、逻辑阐释和现实把握。改革开放的巨大成功，确证了马克思的经典论断——"理论一经掌握群众，也会变成物质力量。"[②] 而马克思主义哲学研究的观念创新、理论突破，则紧密关涉改革开放的实践进展和现实问题。正如马克思在《〈黑格尔法哲学批判〉导言》中所说："理论只要说服人［ad hominem］，就能掌握群众；而理论只要彻底，就能说服

① 《马克思恩格斯文集》第 1 卷，人民出版社 2009 年版，第 506 页。
② 《马克思恩格斯文集》第 1 卷，人民出版社 2009 年版，第 11 页。

人［ad hominem］。所谓彻底，就是抓住事物的根本。而人的根本就是人本身。”① 马克思所说的根本指向是“人”。当今中国马克思主义哲学之“根本”所指应当为何？我们认为，它同样也是指涉于“现实的人”，但它更确切地指当今中国的“现实的人”。在当今中国，一切对“现实的人”的问题的思考，包括对其本质和存在方式的认知、对其本质实现的发展路径的探讨，都指向中国特色社会主义的理论、制度、道路和文化。“走出马克思”要求当今中国的马克思主义研究者从“文本”走向“马克思”，再由“马克思”走向当下中国的现实问题；“走出马克思”不是离开马克思，而是基于对马克思主义的理解，抓住其“根本思想”，突破“停留于马克思”的研究困境，以我们时代的“真正哲学”超越时代的局限，回应时代的诉求。

如何突破“停留于马克思”的研究困境，实现从“走近马克思”到“走出马克思”而形成马克思主义哲学研究的一种理论意识自觉？至少应从“理解马克思”到“运用马克思”和从“运用马克思”到“发展马克思”两个方面实现这一基本目标。

第一，从“理解马克思”到“运用马克思”。从实践效果来看，“走近马克思”容易，“走出马克思”相对困难。这是因为，前者的实现可通过对文本的解读和对西方马克思主义的研究，不断拉近与马克思的距离；而后者的

---

① 《马克思恩格斯文集》第1卷，人民出版社2009年版，第11页。

实现则要求“拉开”与马克思的距离，关注现实问题并“运用马克思”解决问题。就此而言，应致力于从两个方面实现从“理解马克思”到“运用马克思”的转向：首先，“理解马克思”对资本主义的批判，“运用马克思”批判性地分析当今资本主义社会及其制度。马克思全部理论的出发点可以归结于其对“现存社会的批判”，即对资本主义的批判性分析，马克思的全部理论也服务于对资本主义的批判。当今马克思主义哲学研究者在理解马克思的整体思想时，必然绕不开其对资本主义的批判性分析，理解马克思对这一问题的关切，是理解、分析当今资本主义及其制度的最深厚的理论基础。恰如马克思所说，若无法证明自己思维的现实性或此岸性，“关于思维——离开实践的思维——的现实性或非现实性的争论，是一个纯粹经院哲学的问题”。[①] 对马克思关于资本主义的批判性分析的全部解读，不能仅仅停留于理解的层面而不付诸对现存资本主义的切实分析，而应将之运用于现实并发挥其批判现实的力量。其次，“理解马克思”对人类未来社会的创造性预言，“运用马克思”服务于中国特色社会主义建设。马克思对人类未来社会的设想，对“自由人的联合体”即共产主义社会的科学预言，不仅为人类社会开辟出一条有别于资本主义的发展道路提供现实可能性，而且为当今中国社会主义之存在、建设及其向共产主义的过渡提供深厚的理论支撑。在当今中国，“理解马克思”对人

① 《马克思恩格斯文集》第1卷，人民出版社2009年版，第500页。

类未来社会的设想，最贴近的现实就是理解中国特色社会主义，尤其是理解新时代中国特色社会主义的现实存在和未来愿景；“运用马克思”对“自由人的联合体”的预设，最贴近的便是将其诉诸构建“人类命运共同体”的历史进程之中，以中国智慧、中国方案和中国道路切入全球性危机和世界性问题之解决。

第二，从“运用马克思”到“发展马克思”。“发展马克思”内在地包含了“运用马克思”，“发展马克思”不仅是对马克思主义的一般性运用，而且是在运用的过程中不断总结经验、实现马克思主义的突破和创新。自马克思主义诞生以来，国内国外对其理论的发展从未停止过，这一发展总是建基于对马克思主义的理解并回应当下的现实问题，在解决实际问题的具体过程中总结经验、汲取教训，直至把握规律、提升认识，再由零散的、未成体系的观点生发出“自己时代”的理论。历史上，列宁曾将马克思主义运用于俄国的具体实践，并在坚持马克思主义基本原理的基础上创造性地发展了马克思关于无产阶级政党和国家的学说，形成了具有国际影响力的列宁主义。马克思列宁主义被传入中国以后，以毛泽东同志为代表的中国共产党人，实事求是地将之运用于中国具体革命环境，形成了以新民主主义革命理论、社会主义改造理论、社会主义道路初步探索的理论成果为主要内容的毛泽东思想。从“发展马克思”的角度看，毛泽东思想实现了马克思主义与中国革命实际相结合的第一次理论飞跃，也由此开启了马克思主义中国化的历史进程。改革开放以来，以邓小平同志为代表的中国共产党人，将马克思主义实际运用于改革开放的各个领域，形成了包括社会主义初级阶段理论、改革开放理论、社会主义市场经济理论等主要内容的邓小平理论，这一理论是新时期中国共产党人对马克思主义的再次发展。党的十八大以来，以习近平总书记为代表的中国共产党人，以马克思主义及其发展着的理论形态为指导思想，深刻审视世界形势、明确中国方位，形成了以党的十九大报告概括的“八个明确”为核心内容的习近平新时代中国特色社会主义思想，而这一思想则是中国共产党人对马克思主义的最新理论发展。纵观列宁主义形成、发展与传播的历史进程，回顾毛泽东思想与中国特色社会主义理论体系及其最新理论成果的逻辑进路与现实突围，这构成了一条清晰的马克思主义发展史的内在主线，是“运用马克思”并“发展马克思”带来的极具代表性的理论效应。此外，国外马克思主义学者在运用历史唯物主义对马克思及其全部理论进行符合时下语境和现实需要的合理阐释和剖析的基础上提出的新观点和新阐发等，也可视作对马克思主义的新发展。“发展马克思”是从关切的现实问题出发，将马克思主义照进现实产生的理论效应。“我们的研究者要始终关注时代前沿问题，准确把握时代特征，及时反映时代要求”①，理论的研究服务于现实的需要，而理论在解决现实问题的过程中又自觉地提升到另

① 李潇潇：《探寻马克思主义哲学研究的思想灵性》，《中国社会科学报》2018 年 11 月 29 日。

一境界。马克思主义哲学研究理应在贴近现实的过程中不断运用马克思主义的世界观、认识论和方法论，并总结实践经验、提炼理论成果，为马克思主义哲学做出原创性贡献，从而“发展马克思”，并在走出“书斋”的过程中“走出马克思”。

研究路径作为研究者达到研究目的之媒介和手段，对其进行认知、分析直至创新是实现科学研究、获取真理性结论的必然前提。马克思主义哲学的研究路径关涉马克思主义哲学研究的方向、过程及其最终成果，对马克思主义哲学的基本研究方式进行回溯、辨析并发展创新，有利于推进 21 世纪马克思主义哲学研究的理论和现实自觉。创新马克思主义哲学研究的基本路径是一项需要持久坚持的改革，新时代中国马克思主义哲学研究者理应以更广阔的视角、更多元的方式创新和发展马克思主义哲学的研究路径，为我国哲学社会科学的繁荣发展贡献一己之力。

第三章

世界变化中的人类命运共同体及其基本问题

内容摘要

人类命运共同体的本质内涵、构建的价值意旨及其现实路径，是将其从理念转化为实践所必须考量的三个基本问题。在本质内涵方面，现有的“完成修缮论”“可能建设论”“否定—肯定转化论”等观点，与人类命运共同体之辩证发展应具有的过程性、可能与必然的统一性以及阶段目标与最高目标的一致性存在偏差；在价值意旨方面，需要回应“中国中心主义”之嫌或“中国中心论”的指责，弥合人类命运共同体作为通向“自由人的联合体”的阶段性展开与持续性践行之间的张力；在现实路径方面，学界虽然多维度、多层次地论述了其实现途径，但忽略或弱化了对现实路径何以产生的前提性探讨。

构建人类命运共同体是当今世界人们理应思考的根本性的、面向全人类的重大时代问题。由“构建人类命运共同体何以可能”这一核心命题引申出的关于人类命运共同体的本质内涵、构建的价值意旨及其现实路径的多维探讨，不乏真知灼见，但也有曲解、偏见和误判之处。对相关研究成果予以反思，对相关曲解予以辨析和澄清，是当代马克思主义哲学研究不可回避的历史使命、理论诉求和现实任务。辨析和澄清人类命运共同体的本质内涵、构建的价值意蕴及其现实路径，能够深化我们对人类命运共同体构想的理解，从而推动其实现从理论形态到实践形态的积极转化。

一、理解人类命运共同体的本质内涵

人类命运共同体的本质内涵，应被理解为完成时态下的修缮过程，还是可能性上的建设过程，抑或是以一种否定的形式或表征存在？对人类命运共同体本质内涵的理解，关涉能否进一步理解构建人类命运共同体的真实价值及其实现的根本路径，是人类命运共同体诸问题展开的“元问题”，因此颇受学界重视。

总体来看，对如何理解人类命运共同体的本质内涵，学者从多个维度进行了较为全面的探讨，上述三种观点或倾向最具代表性。这三种观点聚焦于人类命运共同体生成的历史语境和现实语境，相对准确地把握了人类命运共同体的基本内涵，呈现了对人类命运共同体存在形态的多样性理解与多角度阐释，为进一步研究构建人类命运共同体的价值意旨和实践路径提供了多元化理解的思维路向。但究竟如何从内涵本质上定位人类命运共同体的现实状态，仍应予以辨析。

第一种代表性观点认为，人类命运共同体是在完成时态下的修缮过程，即“完成修缮论”。这种观点认为，资本主义世界市场开辟以来的历史过程就是人类命运共同体的形成过程，但当今世界或人类面临着日益凸显的总体性危机，使得尽管人类命运共同体已经存在，却仍有诸多亟待完善和修缮之处。“人类命运共同体虽然在某种意义上已经存在，但却是基础不牢、十分脆弱……因此，人类必须不断建设这个命运共同体，使之不断巩固、强化。”① 同时，基于人类命运共同体完成时态的现实，“那么构建人类命运共同体就应当从现实出发，脚踏实地，而不是破旧立新式的完全重建”②，就应该采取相应的修补和完善措施，而不是揉碎打乱后从头开始。这一观点存在着对人类命运共同体本质内涵的误读，不免有将人类命运共同体与现存世界政治经济秩序等量齐观的嫌疑，因而将人类命运共同体视为基础薄弱、体系脆弱的“某种意义上已经存在”的实体，要求对现存的人类命运共同体进行细枝末节的补充和完善，使人类命运共同体的现实状态与其本

① 刘建飞：《人类命运共同体的现实与未来》，《学习时报》2018年6月11日。

② 刘建飞：《人类命运共同体的现实与未来》，《学习时报》2018年6月11日。

质内涵的构建设想之间仍有很大差距。

第二种代表性观点认为，人类命运共同体是一种基于可能性之上的持续建设过程，即“可能建设论”。工业革命以来的数百年全球化进程，以及这一进程为人类带来的工作方式、交往方式和生活方式等方面的极大便利，为人类命运共同体的构建提供了现实的可能性基础。但这一可能性并不意味着人类命运共同体业已形成，而是需要世界各国朝着这一目标共同努力并持之以恒地建设与坚守，即“构建人类命运共同体，是人类社会一项长期、复杂而又艰巨的历史过程，绝非一日之功，更难凭一国之力，既不会一蹴而就，一步到位，也不可能一呼百应，一往无前”[①]。这一观点在把握构建人类命运共同体的过程性方面具有一定启发性，但对其过程性的理解建立于单向度的可能性之上，仅视人类命运共同体为一种可能性的构建过程，而未能看到经济全球化、政治一体化、社会网络化以及生态整体化等持续演进的历史总趋势所蕴含的构建人类命运共同体的历史必然性，存有将历史可能性与历史必然性截然分隔之嫌。

第三种代表性观点认为，人类命运共同体以一种否定的形式或表征存在，具有从不合理的实然形态转向合乎理义的应然形态的必然趋势，即“否定—肯定转化论”。有学者指出，“当代各种全球问题的产生标志着人类命运共

---

① 董俊山：《构建人类命运共同体的困惑与破解》，《时事报告（党委中心组学习）》2017 年第 2 期。

同体已经形成，但在这种实然的人类命运共同体中，作为把人类联系起来的纽带的人类共同利益是以否定的形式表现出来的；这种实然的人类命运共同体，仅仅意味着人类的灾难和莫测的命运。而构建人类命运共同体，就是从实然的人类命运共同体迈向应然的人类命运共同体”①。全球化在推动全球分工和全球交往极大发展的同时，也带来了危及人类普遍安全的世界性问题；而面对世界性问题的滋生与蔓延，人类命运共同体不可避免地以一种否定的形式展现于世人面前，对这种否定形式的逆转和矫正成为构建人类命运共同体的本质内涵。

这一观点建立在前两种观点的基础之上，将人类命运共同体视为一种以否定的形式表现出来的并不断向肯定形式的应然状态转化的实然存在。更加具体地说，这一观点看到了构建人类命运共同体的过程性和必然性，即承认人类命运共同体的构建过程包含着由否定到肯定的定向转化，较之前两种观点的理解更为深刻。但是这种观点存在“前提性条件”② 的人为预设，对人类命运共同体的现实时态采取了绝对化的处理，致使对“现存”的人类命运

---

① 汪信砚：《构建人类命运共同体的本真意涵》，《社会科学辑刊》2018 年第 6 期。

② 这一前提性条件与“完成修缮论”相似，即人类命运共同体是一种已经存在的实然状态，同一前提引申出的关于人类命运共同体的认知却并不一致，“完成修缮论”认为人类命运共同体是以肯定形式为主、以否定形式为辅呈现出来，“否定—肯定转化论”则认为其是以完全的否定形式呈现。

共同体进行全盘否定。人类命运共同体是不是“单一方向”地从否定向肯定转化，并最终止步于肯定形式而不再变化呢？答案是否定的。现实存在的人类命运共同体绝不仅仅是以否定形式呈现，而必然同时以肯定的形式在否定形式的背后开显；构建人类命运共同体的历史进程，不是由“否定”向“肯定”的单向性转化，而是以“一体两面”的形态并存，在“摒弃否定形式与发展肯定形式”的辩证扬弃过程中实现。因为建基于历史唯物主义世界观之上的人类命运共同体构想本身便包含着批判性与建构性有机统一的特质，即对否定因素的批判与瓦解、对肯定因素的发扬与建构，因而其构建过程必然是一个“一体两面”的辩证扬弃过程。

人类命运共同体既有现实基础，有其生成的历史可能，也有其降临的必然趋势；既有积极的一面，也有消极的一面；既是过程，也是目的。对人类命运共同体的本质内涵理应理解为：是建基于全球化的时代特征及其物质文化基础（已有的国际政治经济秩序、文明格局、社会网络、生态系统）之上，在历史发展的可能性与必然性趋势的合力推进下，以“否定—肯定—否定”的形式呈现出来的辩证发展过程，它是实现马克思“真正共同体”的必经阶段，是达至“自由人联合体”的阶段性展开和具体践行。

二、构建人类命运共同体的本真价值

构建人类命运共同体的本真价值是什么？围绕这一问题展开的讨论，本质上无非是对构建人类命运共同体是否具有“中国中心主义”倾向的探讨，而探讨的核心在于中国在构建人类命运共同体的历史过程中扮演的角色问题，即构建人类命运共同体的根本目的，究竟是普及“中国模式”还是践行和维护全人类的共同价值。国内外学界基本能够从较为客观公正的立场出发对这一问题展开探讨，但仍不乏对其误解或歪曲的现象，故而需要对构建人类命运共同体的价值意旨进行澄清或纠正。

第一，在构建人类命运共同体的进程中，中国是主导世界发展走向还是携手各国擘画未来图景？有学者指出，构建人类命运共同体的重要价值在于“实现全球治理的有序化，为全球治理和世界秩序贡献中国力量、彰显中国智慧、实现中国价值”①，在推进构建人类命运共同体的过程中，“必然带来以中国为主导的国际新秩序、新文明构建”②，中国是新型国际秩序的“主导者”。另一种观点

① 曾琰：《从实体性存在到规范性存在——习近平人类命运共同体构建的价值依据及实践方案》，《重庆大学学报（社会科学版）》2019年第6期。

② 曾琰：《从实体性存在到规范性存在——习近平人类命运共同体构建的价值依据及实践方案》，《重庆大学学报（社会科学版）》2019年第6期。

认为，由中国提出、倡议并正在积极践行的人类命运共同体的构建过程，实质上包含着推动中国化的马克思主义由国内走向国际的使命，因而要以更加主动的姿态向世界传递“中国智慧”“中国方案”，“最终成为世界民众心向往之的精神坐标”[①]，让马克思主义或中国化的马克思主义成为世界人民的共同价值理想。这类观点，一方面看到了中国在推动构建人类命运共同体的过程中占据着不可替代的历史地位，但另一方面又将中国置于“主导者”位置，把“中国智慧”“中国方案”拔升到世界人民“精神坐标”的高度，难免会被指责为以普及“中国模式”为旨归的“中国中心主义”。

一方面，中国目前的发展水平以及生存困境决定了它还不能成为国际秩序的“主导者”。人类命运共同体的构建与世界各国共同利益的交会点在于实现各国乃至世界生产力水平的普遍提升。在改革开放的过程中，中国实现了生产力水平的飞跃性提升和经济体量的跨越式发展。历史证明，中国在较短时间内高速并稳定发展生产力这一实绩上，比西方发达资本主义国家更具有发言权，因而似乎有资格成为世界发展的“主导者”。但现实告诫我们，当今世界贫富差距进一步加剧，欠发达国家仍然需要花大力气解决人民对物质文化的迫切需要与生产力水平低下之间的矛盾，即使是中国，在经过改革开放 40 余年的发展后，

① 项久雨、胡庆有：《论中国化马克思主义的国际传播策略》，《思想理论教育》2016 年第 3 期。

也还需面对“人民日益增长的美好生活需要和不平衡不充分的发展之间”① 的新矛盾。从总体上说，中国与世界其他国家尤其是不发达国家面临着共同的发展困境，因而构建人类命运共同体不仅是中国在既有发展经验的基础上，对“发展全球性社会生产力，即对全球范围内的物质利益关系进行革命性变革”② 的有力尝试，而且是中国化解社会主要矛盾，实现人民美好生活需要的现实诉求。

另一方面，中国在构建人类命运共同体的历史进程中扮演的是价值理念层面的“领风者”和方法技术层面的“开拓者”，而世界各国扮演的是人类命运共同体构建的集体智慧和共同价值的“贡献者”与理念方法的“检审者”。在构建人类命运共同体的历史进程中，“中国智慧”“中国方案”可以为认同人类命运共同体这一价值理念的国家和地区提供借鉴。在人类命运共同体的认知框架下，国家、民族的政治、经济、文化等要素的差异不应被人为地放大，这些要素本身也并无优劣之分，不构成判断文明程度优劣高下的标准。中国与世界各国并不存在“主与从”“上与下”的关系，而是在平等前提下各展所长、各司其职、各美其美，共同携手擘画人类未来发展的蓝图。

第二，中国在推动构建人类命运共同体的进程中，是以“霸权取代霸权”还是以沟通合作实现共赢？囿于

① 《中国共产党第十九次全国代表大会文件汇编》，人民出版社2017 年版，第 9 页。

② 刘同舫：《构建人类命运共同体对历史唯物主义的原创性贡献》，《中国社会科学》2018 年第 7 期。

"中心—边缘"结构的思维定式，有国外舆论、学者对构建人类命运共同体保持高度的防范警惕意识，他们将人类命运共同体视为中国挤压以美国为首的资本主义发达国家全球空间的理念与方案，认为人类命运共同体是以新儒家主义为文化底蕴，具有强烈民族主义色彩，旨在推动中国在世界经济、政治舞台上占据强势地位和回归中心地位，指出"中华民族的复兴是一种'道德叙事'，旨在纠正过往屈辱历史中整个民族受到的不公正待遇，使中国重回世界中心"①。更有学者直接对构建人类命运共同体的目的表示质疑，认为它不仅是一种空想，甚至是中国版"中心—边缘"思维的现实推演，"其蕴含的核心价值理念如互利共赢、义利兼得、以义为先等，在短期内根本无法实现，是典型的'乌托邦'理念；同时，人类命运共同体的传统文化根基即'天下观'，带有狭隘的民族主义色彩，背后蕴含着'中国中心论'，并带有称霸全球的野心"②。可见，在部分国外学者眼中，构建人类命运共同体无法跳脱根植于西方人心中的"国强必霸"逻辑，带有浓厚的大国复兴色彩，旨在向守成大国的霸权发起

① William A. Callahan. "China 2035: From the China Dream to the World Dream", *Global Affairs 2*, 2016 (3), pp. 247 - 258. 转引自车轴《人类命运共同体：近期国内外研究综述及进一步探讨》，《理论与改革》2018 年第 5 期。

② Nien-chung and Chang-Liao. "China' s New Foreign Policy under Xi Jinping", *Asian Security*, 2016, 12 (2), pp. 82 - 91. 转引自贺方彬《海外精英眼中的人类命运共同体认知及启示》，《云南民族大学学报（哲学社会科学版）》2018 年第 5 期。

挑战。

这些学者的断言是为维护资本主义的全球霸权体系与既得利益所做的“辩护性批判”。构建人类命运共同体被部分西方发达国家错误解读为中国扩展地缘政治影响力的战略工具，对美国等西方国家期望持续维护其势力范围造成了极大冲击。当今国际关系的生成、演进及其发展史，“是一部西人主宰的、靠科技进步为主要驱动力和润滑剂的、以沟通各国各民族间的联系并使之臣服于资本主义的国际规范为基本内容的、伴随着西方大国由于发展不平衡而衍生的、此起彼伏的、摩擦争斗的历史”①，以此为基础所建立的以美国为首的西方发达资本主义国家所主导的国际政治经济秩序，深刻表征和内蕴着资本逻辑，在其宰制下的国际社会通行的是“丛林法则”和“弱肉强食”的国际交往模式。人类命运共同体被视作与美国的“亚太战略”“印太战略”具有相似性的全球霸权体系的建构型理论，因而遭受部分西方国家的抵制和排斥。

在马克思看来，人的类本质的真正实现，建立在人与人之间的自由联合基础上，人与人的关系应当是“你中有我，我中有你”的一种状态，“我们已经看到，在被积极扬弃的私有财产的前提下，人如何生产人——他自己和别人；直接体现他的个性的对象如何是他自己为别人的存

① 王逸舟：《当代国际政治析论》（增订版），上海人民出版社2015年版，第100页。

在，同时是这个别人的存在，而且也是这个别人为他的存在”[①]。中国在推进构建人类命运共同体的进程中，在发达国家与发展中国家之间扮演的是沟通角色，而不是“修昔底德陷阱”逻辑言说下以“霸权取代霸权”的“夺权者”角色。人类命运共同体的全球构建，不是试图以共产主义的价值理念替代资本主义的价值理念，也不是以社会主义对抗资本主义，更不是构建互相对抗的国际关系模式，而是以全人类的共同价值超越西方的普世价值，通过社会主义文明与资本主义文明的沟通、联结，超越“零和博弈”思维，以彼之长助己之短，在不同意识形态间建构互利共赢的基本导向和价值共识，并对现有国际秩序失衡、失义、失责的状态进行规范与重构。构建人类命运共同体不以某国或某种意识形态为主导，不谋求对抗而争取共赢，坚持基于普遍平等的普惠原则，能够维系求同存异、和谐共生的国际关系和创设全人类共有的“生存空间”。

构建人类命运共同体最根本的价值旨趣，不在于因这一过程的推进使中国成为全球的“领导者”或“主导者”，也不是所谓“中国中心论”的强势方案或使“中国模式”在世界普及，而是旨在“从文化上构建以多元文明为核心价值取向的人类共同体国际关系理念，取代以

① 《马克思恩格斯文集》第1卷，人民出版社2009年版，第187页。

‘西方中心主义’为价值取向的旧有理念”[①]，实现世界人民的共同发展、安全发展、全面发展、自由发展和可持续发展，其根本愿景指向马克思所描绘的“自由人的联合体”。

三、构建人类命运共同体的现实路径

构建人类命运共同体的现实路径，是人类命运共同体由理念转化为实践、从思维层面过渡到现实层面的关键环节。对这一问题的思考与解答，又必然牵涉到对构建人类命运共同体现实路径的生成及其合理性、正当性的论证，故而在汲取人类命运共同体现实路径的研究成果基础上，将“构建人类命运共同体的现实路径何以生成”作为前提性问题予以澄清，显得尤为必要。学界在廓清人类命运共同体之本真内涵和价值旨趣的基础上，力图对构建人类命运共同体的现实路径予以多维度、多层次的探讨，并形成了丰富的研究成果，其核心观点主要有以下三个方面。

第一，夯实人类命运共同体的现实基础。如有学者从构建新型国际制度的角度出发，认为人类命运共同体理念只有转化为现实的制度性成果，才能实现其作用与价值，主张“秉持新型国际关系的理念，提升国际制度的领导权，推进国际法律制度的理念创新，制定全球治理新领域

---

① 车轴：《人类命运共同体：近期国内外研究综述及进一步探讨》，《理论与改革》2018 年第 5 期。

的国际规则，构建‘一带一路’的国际规则”[①]，进而为构建人类命运共同体提供制度实体。有学者强调以凸显各国共同利益契合点、完善全球治理体系的体制机制和凝聚全人类价值共识的路径，实现人类命运共同体由“自在”走向“自为”。[②] 还有学者从构建人类命运共同体的价值前提、现实基础和共同目标出发，认为要通过大力宣扬人类命运共同体的本真价值以凝聚全球共识，通过建立广泛的利益共同体以夯实人类命运共同体的现实基础，通过处理好长远目标与阶段性目标、整体目标与局部目标之间的关系以促成人类命运共同体的各目标的实现。[③] 这一类观点，力主通过构建现实物质基础和凝聚共同价值意识，构筑制度体制实体和价值利益契合点，使之成为构建人类命运共同体“大厦”的坚实“地基”，为构建人类命运共同体提供现实基础。这一思路是最为基本的建构路径。

第二，构建人类命运共同体的保障体系。有学者认为，应该努力打造中美两国的和谐友好关系，以新型大国关系保障人类命运共同体的构建。中美两国作为当今世界最具影响力的大国，中美关系的好坏对于中国外交战略布局和战略目标的实现具有无可比拟的重要性，因而要以打

---

① 赵庆寺：《试论构建人类命运共同体的制度化路径》，《探索》2019 年第 2 期。

② 参见阮建平、林一斋《人类命运共同体的历史逻辑、挑战与建设路径》，《中州学刊》2018 年第 11 期。

③ 参见刘同舫《将构建人类命运共同体思想落到实处》，《红旗文稿》2018 年第 21 期。

造中美两国之间的和谐友好关系，推进“构建新型国际关系、推进国际体系和国际秩序朝着更加公正合理的方向变革”[①]，实现构建人类命运共同体的愿景。有学者认为，在世界历史与构建人类命运共同体的双重视域下，资本主义与社会主义两种社会制度的关系对构建人类命运共同体“带有全局性、对抗性、复杂性、敏感性”，因此“要推动构建人类命运共同体就必须处理好两制国家关系，避免陷入‘冷战陷阱’”[②]，处理好资本主义与社会主义两种制度的关系成为构建人类命运共同体的重要保障。还有学者倡导以责任共同体保障人类命运共同体的实现，指出构建人类命运共同体是全人类责无旁贷的使命，因此，需要多元主体的共同参与，需要按照各自能力分别承担相应的治理责任，形成一种“共同但有区别”的责任共同体。[③] 这一类观点，认识到大国关系、资本主义与社会主义两种制度的关系以及世界各国间的共生关系对构建人类命运共同体的重要影响，主张通过变革三者关系，使之成为构建人类命运共同体的“防火网”，为构建人类命运共同体提供外部保障体系。这一思路是一种可能的建构路径。

第三，挖掘构建人类命运共同体的动力来源。如有学

---

① 刘建飞：《新时代中国外交战略中的中美关系》，《社会科学文摘》2018 年第 12 期。

② 刘建飞：《世界历史进程中的人类命运共同体及两制国家关系》，《当代世界与社会主义》2019 年第 2 期。

③ 参见刘同舫《将构建人类命运共同体思想落到实处》，《红旗文稿》2018 年第 21 期。

者从国家、区域和世界三个层面为实现构建人类命运共同体的现实目标寻找动力来源：各国应加快现代化发展的步伐，提升生产力水平，为构建人类命运共同体提供根本驱动力；“要扩大区域间各国的利益交汇点，深化区域合作”，为构建人类命运共同体提供外部推动力；在世界范围内“要夯实社会文化心理基础，建构世界范围内的精神纽带”，为构建人类命运共同体提供内生凝聚力。[①] 有学者认为，大国因其具有经济、政治和文化方面的优势，理应承担起更多的国际责任和义务，并在构建人类命运共同体的过程中发挥自身的牵引作用和引领作用。[②] 还有学者认为，应深入挖掘人类命运共同体理论中的人民主体性意蕴，通过加深世界人民对人类命运共同体的主动认识，以主体间际互动增强人民主体性，践行以人民为中心的原则，发挥人民主体性在推进构建人类命运共同体过程中的内部驱动力作用。[③] 这一类观点，意识到推动构建人类命运共同体存在的多种力量，主张深入挖掘多种动力来源，使之成为构建人类命运共同体的“引擎”，为构建人类命运共同体提供持久推动力。这一思路是一种更为根本的建设路径。

---

① 参见高地《人类命运共同体的形成依据、思想内容及构建路径研究》，《思想教育研究》2018 年第 8 期。

② 参见刘同舫《将构建人类命运共同体思想落到实处》，《红旗文稿》2018 年第 21 期。

③ 参见郎慧慧、张继龙《新时代人类命运共同体的人民主体性意蕴及路径研究》，《重庆社会科学》2019 年第 1 期。

学界对构建人类命运共同体现实路径的种种探讨，在逻辑上能够自洽、实践上能够自证、理论上能够自足，客观上其视角、维度的多元化及其论证路径的多样性，对推进这一问题的深入研究具有积极意义。但无论是通过建设“一带一路”和“亚投行”或“构建国际规则”等物质基础、制度基础来夯实人类命运共同体的现实基础，还是通过打造新型大国关系、资本主义与社会主义两种制度关系以及世界各国间的共生关系以形成责任共同体来构建人类命运共同体的保障体系，抑或是挖掘构建人类命运共同体的动力来源，都指向或有赖于回答一个更为根本的问题——构建人类共同体的现实路径何以生成。

人类命运共同体之本质内涵、价值意旨决定了其现实路径，现实路径必然体现构建人类命运共同体的本质内涵和价值意旨。构建人类命运共同体的现实时态，是一种不断对现实进行“否定—肯定—否定”的辩证发展过程；其价值意旨指向对现存资本主义全球治理体系的超越，对“资本逻辑”宰制下的被马克思、恩格斯称之为“虚幻共同体”的超越，或对以认识物的方式来认识人的“物种思维”的超越。资本主义世界体系下的人与人、人与共同体、共同体与共同体间的割裂与对峙状态，必然要求开辟一条从“虚假共同体”通向“真正共同体”的发展之路，以超越“资本逻辑”、构建“人本逻辑”、抑克“物种思维”、激扬人的“类思维”，从而超越资本主义的“虚幻共同体”，展望“真正共同体”。构建人类命运共同体的现实路径便是在对三者的超越中生成。

首先，超越“资本逻辑”、构建“人本逻辑”，在人与人的关系层面，实现个人之间的共生发展，为构建人类命运共同体提供最根本动力。由资本主义社会带来的社会化大生产，造就了超越以往世代总和的社会生产力，带来了社会总体物质财富的迅速累积，但其背后追求剩余价值最大化的本质，归根结底表明了自身发展的“经济驱动力”以及无视人民群众物质文化需求的丑陋面目。

人与人的联合，是推动构建人类命运共同体的最基本单元和“最小共同体”，也成为其最根本动力。构建人类命运共同体，只有在平衡且充分地实现生产力的发展，不断提升人民的物质文化水平，突破个人利益间的割裂状态，以个人的平等自由发展并逐步实现人的本质复归的进程中才具备可能性。构建人类命运共同体要求超越“资本逻辑”、构建“人本逻辑”，发挥人民在构建人类命运共同体中的根本动力作用：一方面，大力发展生产力，满足人民的基本物质文化需求，并不断解决发展生产力过程中持续出现的不平衡不充分的问题，自觉调配物质文化成果趋向于均衡配给与合理流通，保障社会利益的公平分配，实现人的平等自由发展，以更加均衡更加充分的发展满足人民的美好生活需要，增强人民主体力量。另一方面，构建人类命运共同体的过程，包含着提升人民主体力量与发挥人民主体性的有机统一。在满足人民需求的过程中，以发展生产力优化物质生活条件，以物质水平的提升促进文化意识自觉，逐步消除个人利益间的割裂状态，实现人与人之间“你中有我”“我中有你”的互为发展条件的状态，为人民向自身自由而全面发展的本质状态的复归提供可能，为构建人类命运共同体奠定更为深厚的动力基础。

其次，抑克“物种思维”、激扬人的“类思维”，在人与共同体、共同体与共同体的关系层面，实现融合共生，为构建人类命运共同体筑牢保障体系。“物种思维”是以认识“物”的方式即对象化的方式去理解人的存在的思维，它与封闭的、孤立的、无矛盾性特征的物的存在相适应。“物种思维”会导致对人的理解的物化和抽象化。要克服对人的抽象化理解，就必须超越“物种思维”，运用马克思的“类”哲学，确立与人的生命存在特性相适应并寻求统一性、体现人的“自由自觉”本性的“类思维”方式。人的存在方式是“类”而不是“物”，物的“种”特性是由物的自然属性所决定的，而人的“类”特性主要是由社会属性决定的，“类思维”方式是以人及人的社会属性的方式理解人的存在的思维方式，这是马克思“类”哲学的深层蕴含。“类思维”的致思取向和价值追求是以人类整体利益为尺度，使人类整体利益最大化。

而资本主义追逐利润的本性，驱使其在国内市场“饱和状态”下以殖民掠夺的手段开辟和占有世界市场。列宁指出：“只要资本主义还是资本主义，过剩的资本就不会用来提高本国民众的生活水平（因为这样会降低资本家的利润），而会输出国外，输出到落后的国家去，以提高利润。”[1] 因此，个人与共同体的分裂，以及共同体之间的对抗便不可避免。由于当下“物种思维”的普遍存在，视人与共同体为封闭和孤立的存在，抑制了视人与人、人与共同体、共同体与共同体为具有差异性的有机统一体的人的“类思维”，导致了人与人的分裂及共同体的瓦解。因此，构建人类命运共同体应该遵循“类哲学”和“类思维”的逻辑，“必须超越‘物种思维’，唤醒提升人的‘类思维’，并以此为引导，促进人与人之间、共同体与共同体之间的自觉联合，推动自觉的‘类主体’的生成”[2]。

在人的“类思维”逻辑下，人与共同体、共同体与共同体之间不是占有与被占有、剥削与被剥削、奴役与被奴役的关系，而是互为前提，人不是作为原子式的个体独立存在，而是作为共同体的一员而存在，不仅人与人之间的关系是共生发展的，而且人与人之间自由联合的“最小共同体”也成为人与共同体、共同体与共同体之间彼此联结、融合共生的关节点。正如当下中国统一战线的存在之于巩固人民之间、各民族之间以及人民、民族与国家之间的交互关系，“一带一路”“亚投行”等建设之于构建“中巴命运共同体”“亚洲命运共同体”“大欧亚命运共同体”之间的熔铸关系。以人的“类思维”超越“物

---

① 《列宁全集》第27卷，人民出版社2017年版，第377页。

② 贺来：《马克思哲学的“类”概念与“人类命运共同体”》，《哲学研究》2016年第8期。

种思维”，实现人与人之间、人与共同体之间、共同体与共同体之间融合共生的关系，为构建人类命运共同体构筑坚实的保障体系。

最后，击碎“虚假共同体”，展望“真正共同体”，为构建人类命运共同体奠定现实基础。“在以往‘虚假的联合’的共同体中，个人只有作为特定的阶级才可能有个人自由，个人与共同体相互对立，共同体不是个体生存发展的推动力，而是‘新的桎梏’。”[①] 在马克思对资本主义的批判语境中，资本主义式的“虚假共同体”是作为“真正共同体”的历史否定阶段而存在的，其以“资本逻辑”和“物种逻辑”为支撑而建立起来的资本主义全球治理体系，致使生存于这一体系之下的个体过着“天国的生活和尘世的生活”[②]。这一“虚假共同体”根本上是以“人的资本化”或“资本的人格化”取代现实的人的本质——一切社会关系的总和，以个人的私利取代人与人之间的互利，使人的本质及个人之间呈现分化与异化；以“一个阶级反对另一个阶级的联合”[③]，以少数资产阶级统治者的“集体利益”取代全体社会成员的共同利益，使阶级与阶级呈现分裂与对立；“以全社会或者全人类的利

---

① 符姝、李振：《构建人类命运共同体思想的“承认逻辑”：意蕴、困境及路径》，《中共中央党校学报》2018 年第 6 期。

② 《马克思恩格斯文集》第 1 卷，人民出版社 2009 年版，第 30 页。

③ 《马克思恩格斯文集》第 1 卷，人民出版社 2009 年版，第 571 页。

益标榜自己阶级的利益，把本阶级的私人价值说成是全人类的普世价值”①，以资产阶级的“普世价值”取代全人类的共同价值，使得国与国、民族与民族之间的文明与价值呈现普遍的对抗与冲突。

在超越“资本逻辑”、构建“人本逻辑”和抑克“物种思维”、激扬人的“类思维”后，存在于“虚假共同体”的人与自身、人与人之间，阶级与阶级之间，国与国、民族与民族之间的总体分异状态，将转变为更为自觉的联合状态，但仍需要进一步从“虚假共同体”过渡到“真正共同体”。因此，构建人类命运共同体应瓦解“虚假共同体”的利益基础，构建人与人之间的“真正共同体”；解构“虚假共同体”的制度基础，构建阶级与阶级之间的“真正共同体”；消解“虚假共同体”的价值基础，来构建国与国、民族与民族之间的“真正共同体”。彻底击碎“虚假共同体”的存在基石，为夯实构建人类命运共同体的现实基础提供可能，从而开辟出一条由人类命运共同体展望“真正共同体”的现实路径。

人类命运共同体之本质内涵、构建的价值意旨及其现实路径，这三个基本问题为推进人类命运共同体的整体研究划定了一条清晰的主线，对这三者的耕犁关涉一系列衍生问题的研究与解决，既是对相关误解的澄清，也是对前人研究基本路向和传统优势的承继；既为总结与反思，也

---

①　张华波、邓淑华：《马克思发展共同体思想对构建人类命运共同体的启示》，《马克思主义研究》2017 年第 11 期。

为开辟思路和深化研究奠基；不仅满足构建人类命运共同体的理论需要，也满足构建人类命运共同体由理念转化为实践的现实需要。

第四章

在回应西方思潮中推进中国现代化实践

内容摘要

福山的“历史终结论”裹挟着浓重的意识形态偏见，因其虚无的历史观、抽象的人性论和疲软的现实解释力，而沦为脱离实践为取向的理论空想。中国现代化道路是以实践逻辑为主导、以实际问题为基点、以现实的人的问题为切口而生发和造就的实践探索与理论成果之集合，从根本上驳斥了“历史终结论”的理论预设，揭示了“历史终结论”的非理性本质，证明了人类社会发展道路形态的多样性。中国的现代化实践道路在价值论、认识论和方法论上为发展中国家实现自身发展、开辟多元现代化路径提供了独特的经验智慧和有益参考。

于20世纪80年代末提出的“历史终结论”，在刻意渲染资本主义的“决定性胜利”和社会主义的“历史性退场”之后，傲慢地宣告资本主义的自由民主制是人类社会政治制度中的最优样态。这一“自我确证”资本主义制度优于社会主义制度的理论立场，在“冷战”结束后的历史背景下引发国际理论界的巨大反响，对其附和、拔高之声一度甚嚣尘上，但随着时间的推移和现实世界的发展变化，对其质疑和批判的声音逐渐占据上风。尽管如此，30年里来自理论界的争议甚至诘难似乎并未推翻其关于资本主义自由民主制的价值预设，福山仍矢口否认“历史终结论”的理论硬伤和实践误判。然而，中国的和平崛起引发了全世界对中国道路和“中国模式”的高度关注和理论探讨。中国以实实在在的发展成就证实了历史并未终结于自由民主制，这使得“历史终结论”面临着空前的冲击和挑战。从理论与实践的辩证关系出发，剖析“历史终结论”的理论缺陷，澄清中国的现代化道路本身对克服全球现代化危机的可能性，厘清中国现代化实践对“历史终结论”的终结逻辑，对展现中国现代化道路的建构价值及其历史意义具有学术价值。

一、“历史终结论”的内在困境

1989年，美籍日裔学者弗朗西斯·福山在《国家利益》杂志上发表了题为《历史的终结?》的文章，宣称作为一种政体的自由民主制，“也许是‘人类意识形态演化的终点’和‘人类政体的最后形式’，并因此构成‘历史的终结’”[①]。时至今日，这一理论尽管遭受了众多学术流派从不同层面展开的批判与指责，但此论题引发的争论仍然余波未平。站在中国现代化道路开启近百年的历史方位上，重新反思“历史终结论”这一在近30年历史洪流中屡屡回响的理论范式与强势话语，就能够发现其虚无的历史观、抽象的人性论和疲软的现实性的内在困境。

第一，虚无的历史观——任意切割历史，在刻意美化资本主义历史的同时，肆意丑化共产主义历史。在《历史的终结与最后的人》一书中，福山对资本主义极尽美化之能事，将对自由民主的追求视为贯穿人类历史全过程的内在恒久动力，并把人类历史描述为一部“自由民主追寻史”。他从理论上考察了存在于南欧和亚洲等地区以及以苏联为代表的社会主义国家的衰落现实，断言历史必将终结于西欧和北美的自由民主制，而作为专制化身的社会主义或共产主义终将陷入崩溃境地。

自社会主义制度在一些国家确立以来，以美国为首的资本主义国家便对其采取丑化、分化甚至打击报复等压制对策。在“历史终结论”的理论阐述中，社会主义的历史性成就被抹杀，资本主义的剥削本质被掩盖。苏联和中国赢得反法西斯战争的胜利，众多殖民地半殖民地人民在共产主义信仰的引领下获得民族独立、国家统一以及社会

① ［美］弗朗西斯·福山：《历史的终结与最后的人》，陈高华译，广西师范大学出版社2014年版，第9页。

经济的跃进式发展等历史真相和伟大成就都被刻意抹去；而黑奴贸易、军事输出、资本输出、殖民掠夺以及为瓜分世界市场而带来的频繁战争等资本主义扩张的丑恶“黑幕”则被美化为对自由民主的追求、对人性人权的高扬。福山对资本主义历史的刻意粉饰和对社会主义历史的肆意涂鸦表明了其“历史终结论”的历史虚无性特质。正如有学者所指出的，资产阶级学者只是“‘在意识形态的形式’中意识到冲突，因而也是意识形态的形式决定这种冲突……他们以政治的、司法的、道德的观念和论据为自己赞成或反对在经济生活中推行的变革的态度辩解”。[①]被福山视为自由民主制“现实标杆”的美式自由民主制，乃至其后期不断被推崇的欧盟、英国以及丹麦的自由民主制在理论与实践中的矛盾日益凸显，这暴露了“历史终结论”在客观历史事实判定层面的虚无性和空想性缺陷。福山基于美化资本主义历史的目的而宣判共产主义“死刑”，“是资产阶级借以压抑其他各种异质或对抗声音的一种意识形态‘伎俩’”[②]。“历史终结论”实质上是福山为资本主义所著的“福音书”，最终陷入了任意装扮“历史小姑娘”的尴尬境地，建基于任意切割历史之上的“历史终结论”将难以持存。

---

① ［德］亨利希·库诺：《马克思的历史、社会和国家学说：马克思的社会学的基本要点》，袁志英译，上海译文出版社 2006 年版，第 660 页。

② ［法］雅克·德里达：《马克思的幽灵：债务国家、哀悼活动和新国际》，何一译，中国人民大学出版社 2008 年版，“译者序”第 3 页。

第二，抽象的人性论——将人性作为历史进步的动力，忽视了人性背后的历史根源。福山认为，在黑格尔的主奴辩证法之中蕴含的主人与奴隶“寻求承认的斗争”，构成了历史进步的真正动力。他在《历史的终结与最后的人》中以大量的内容论证了历史的产生与发展过程，认为现代自然科学为历史的发展规定了方向（追求自由民主），但“历史的经济解释把我们带到了自由民主这块应许之地的门口，却没有把我们完全送到里头”①，唯有推动现代自然科学进步的人的“不断扩大的、极富弹性的欲望”② 才是历史进步的决定性力量。诉诸“寻求承认的斗争”的历史观，使福山将人性恒定为一种能够衡量一切的“超历史的标准”，忽视了人性背后的物质关系和生产条件。

福山的历史动力论本质上根基于抽象的人性论，它将能否满足“经济”与“认可”的需求视为衡量制度优劣的标准，但是“人的欲望、理性和气魄问题都是人性问题，而人性是一个抽象的概念，在不同历史时期的含义是不同的，把一种抽象的人性论当成其理论的基础，这种理论有多少科学性是可想而知的”③。福山并未明白他所鄙

---

① ［美］弗朗西斯·福山：《历史的终结与最后的人》，陈高华译，广西师范大学出版社 2014 年版，第 151 页。

② ［美］弗朗西斯·福山：《历史的终结与最后的人》，陈高华译，广西师范大学出版社 2014 年版，第 148 页。

③ 杨生平：《自由民主的理念真的已无可匹敌吗？（续）——评福山的“历史终结”论》，《马克思主义研究》2003 年第 3 期。

衷的马克思主义创始人的忠告，他所赖以撑起“历史终结论”的重要理论支柱仍旧建立在抽象的而不是具体、真实的人性论基础之上，这无异于将现实问题束之高阁，弃实践“地基”而建构理论“大厦”，注定只能是空想。

第三，疲软的现实性——无力解释资本主义自由民主国家的现实困境和中国现代化实践的历史性成就。在福山看来，“资本主义在某种意义上是成为发达国家的必由之路，而僵化集权的社会主义则是创造财富和现代技术文明的重大障碍”①。但现实是否真的如他所说，资本主义是人类文明发展的唯一选择，社会主义则无法胜任引领人类未来的重担？

20 世纪八九十年代，世界社会主义运动遭遇重大挫折，随后近 20 年间资本主义的飞速发展为“历史终结论”提供了最为有力的现实论据。长久以来，资本主义看似繁荣的经济发展、稳定的政权形式和完善的社会福利，似乎已经让世人遗忘了马克思提出的资本主义所无法克服的内在矛盾，甚或于相信繁荣的表象是对其内在矛盾的完全克服。如果说“9·11”事件尚且可以被视作“现代民主的两大基础原则——自由和平等——未能完全贯彻的结果”②，那么 2008 年爆发的起源于美国次贷危机的全球性金融危机，则是资本主义基本矛盾，即生产的社会化

---

①［美］弗朗西斯·福山：《历史的终结与最后的人》，陈高华译，广西师范大学出版社 2014 年版，第 117 页。

②［美］弗朗西斯·福山：《历史的终结与最后的人》，陈高华译，广西师范大学出版社 2014 年版，第 9 页。

与生产资料私人占有之间不可调和矛盾的显现。金融危机后资本主义世界的现实境况，向福山及其“历史终结论”提出了一个亟待回应的问题——历史真的终结了吗？历史真的终结于资本主义自由民主制了吗？福山对历史并未终结于资本主义自由民主制的客观事实置若罔闻，不仅没有抛弃其所坚守的“历史终结论”，反而以理论研究方法上的“花招”——“基于现实，当现实出了问题的时候再借助于理想”①，回应资本主义制度衍生出的各种现实问题。这既是福山本人兼具“原则性”与“戏剧性”的形象展现，也反映了其理论的空想性和狭隘性。

在福山看来，中国于20世纪70年代末开始的改革开放，从根本上反映了中央计划经济体制的失败，对市场经济的引入，不仅说明社会主义相对于资本主义并无优越性，而且意味着人类历史发展的道路只有自由民主或资本主义这条唯一路径。他认为，社会主义的发展路径最终将倒向两种结局，要么随着经济的崩溃导致政治塌陷，要么悄悄被划入资本主义的自由经济和民主政治的范畴之内。虽然他在《历史的终结与最后的人》的序言中也承认，“唯一确实可与自由民主制度进行竞争的体制是所谓的‘中国模式’”②，但福山依然认为自己对历史终点的判断并无差错，因而他并未在著作中对中国的现代化实践及其

---

① 杨生平：《自由民主的理念真的已无可匹敌吗？（续）——评福山的“历史终结”论》，《马克思主义研究》2003年第3期。

② ［美］弗朗西斯·福山：《历史的终结与最后的人》，陈高华译，广西师范大学出版社2014年版，第4页。

历史性成就给予实质性分析。这种实质性分析的“缺席”恰恰证明，“历史终结论”不仅无法解释中国特色社会主义何以能够在世界经济大潮低迷之际逆势而上，而且无力驳斥中国超越众多资本主义国家而成为世界第二大经济体并在国际政治舞台上日渐展现出超凡影响力和主角魅力的发展事实。

毫无实践根基的“历史终结论”在人类文明的演进中愈发暴露出自身的“软骨病”和对现实解释的苍白无力。正如终生以“如实地说明历史”为原则的英国历史学家乔治·克拉克爵士所指出的，“我们这一代人是不能达到终极的历史（Ultimate History）”①。后金融危机时代的资本主义经济发展陷入窘境，相伴随的是社会主义中国呈现出强劲的发展势头，这使得“历史终结论”对现实非理性的预判愈发凸显，并已被中国的现代化实践所证伪。

二、实践至上的中国现代化之路

党的十一届三中全会之后，中国的现代化进程进入加速期，党的十八届三中全会吹响全面深化改革的总号角，中国现代化实践迈入“深水区”和攻坚期。总体来看，以历史唯物主义为指导的中国现代化进程呈现出实践至上

① 转引自［英］E. H. 卡尔《历史是什么》，陈恒译，商务印书馆2011年版，第87页。

的根本性理论特征，即由实践问题倒逼理论的生成与发展，并由新理论进一步指导和引领新实践，从而不断推动中国现代化道路的理论与实践的“双轨”创造和纵深发展。

中国现代化实践的本质体现在中国特色社会主义的历史实践中。改革开放以来，中国现代化实践以顶层设计和试点探索为基本原则，以经济体制改革为起点，深入推进各领域的全面改革，逐步构建起中国特色社会主义经济、政治、文化、社会、生态的“五位一体”总体布局，形成了坚持社会主义底色、富有时代特色的道路、理论、制度和文化体系。纵观以解决经济问题为开端，以厘清实践与理论之关系为内生动力，兼顾政治、文化、社会和生态各领域的中国特色社会主义实践历程，能够清晰反映中国现代化进程中实践至上的特质。40 余年的中国现代化实践从三个方面对凌驾于实践之上的“历史终结论”发起质疑与挑战。

第一，中国现代化实践以现实问题为基点统筹展开，并围绕中国实际不断拓展改革的广度和深度，开辟出由思维通向实践的现代化之路。这一现代化之路的形成主要表现为：首先，科学判断了中国社会的主要矛盾，为中国的现代化实践确定了发展的根本任务。党的十一届三中全会以后，中国共产党人汲取现代化实践的失败教训，以“实事求是”为要求和标尺，做出“以经济建设为中心”代替“以阶级斗争为纲”的历史性决策。改革实践的迅速推进，使得社会主义中国的生产力发展水平与现实需求之间的矛盾日益凸显，基于此，党的十一届六中全会对新时期中国社会主要矛盾做出判断："在社会主义改造基本完成以后，我国所要解决的主要矛盾，是人民日益增长的物质文化需要同落后的社会生产之间的矛盾。"① 主要矛盾的判定为中国现代化实践确立了根本任务——解放和发展生产力。此后，中国的现代化建设坚持正确的路线和策略，取得了世所罕见的快速且稳定的周期增长。直至党的十九大报告在确定中国特色社会主义进入新时代的历史方位的基础上，提出"人民日益增长的美好生活需要和不平衡不充分的发展之间"② 的新矛盾。主要矛盾的转化，不仅意味着中国现代化实践的日渐深化，也意味着指导实践的理论在实践中不断丰富和完善。其次，准确定位了中国特色社会主义的发展阶段，为中国现代化实践提供根本依据。1987 年党的十三大召开前夕，邓小平同志总结改革开放近十年的实践经验，对社会主义中国的发展阶段给予精准判断："我们党的十三大要阐述中国社会主义是处在一个什么阶段，就是处在初级阶段，是初级阶段的社会主义。社会主义本身是共产主义的初级阶段，而我们中国又处在社会主义的初级阶段，就是不发达的阶段。一切都要从这个实际出发，根据这个实际来制订规划。"③ 社会

---

① 中共中央文献研究室编：《改革开放三十年重要文献选编》（上），人民出版社 2008 年版，第 212 页。

② 《中国共产党第十九次全国代表大会文件汇编》，人民出版社 2017 年版，第 9 页。

③ 《邓小平文选》第 3 卷，人民出版社 1993 年版，第 252 页。

主义初级阶段理论的提出，为中国现代化实践提供了最为根本的依据，深入剖析了中国发展的最大国情，在科学把握经济社会发展阶段性特征的基础上制定正确的战略和政策。建基于空想理论之上的“历史终结论”自然无法研判基于现实国情和鲜活实践之上的中国现代化道路的科学性，因而其对人类历史向资本主义自由民主制方向演进的“预测”自然沦为误判。中国在实践探索中不断推进的社会主义现代化道路，不仅破除了福山的理论预设，更是有力地回应了其对社会主义别有用心的唱衰。

第二，中国通向现代化的道路，是实践逻辑主导下的全面的现代化之路，是从解决“现实的人”的问题出发，以理论生成—问题解决—理论变革—实践深化为主线的发展之路。一方面，中国的现代化实践以解决“现实的人”的问题为根本出发点。从关涉人民群众物质生活水平问题的经济层面，到关涉人民群众民主权利问题的政治层面，直至关涉人民群众精神发展问题的文化层面、公平正义问题的社会层面、人与自然关系的生态层面，无不彰显中国现代化实践的现实要求和中国特色社会主义理论发展的内在诉求。另一方面，中国的现代化实践秉持历史唯物主义的基本原理，既将发展社会主义中国作为历史前进的必然趋势，同时也承认各种文明形态在历史上的进步意义。早在 1992 年，邓小平同志就要求搁置“姓资”“姓社”争论，摒弃意识形态偏见，客观对待人类历史上形成的各种优秀文明成果，将之作为发展社会主义中国的有效补充。他前瞻性地指出：“社会主义要赢得与资本主义相比较的优势，就必须大胆吸收和借鉴人类社会创造的一切文明成果，吸收和借鉴当今世界各国包括资本主义发达国家的一切反映现代社会化生产规律的先进经营方式、管理方法。”[①] 因此，中国的现代化之路在最初的世界文明观上便已超越了“历史终结论”的狭隘历史眼光和意识形态偏见。

第三，中国现代化实践为社会主义“正名”，并为世界发展过程中出现的普遍性问题贡献新智慧和新方案。“历史证明，理论指引往往决定了一种现代化道路的生命力与走向。”[②] 作为以马克思主义为指导、深植于传统文化土壤、符合中国实践和发展要求的现代化路径，中国特色社会主义道路带来了有别于西方资本主义的现代化新貌。在历经40余年的改革开放实践后，中国的现代化之路不仅最为直接地驳斥了以“历史终结论”或曰“社会主义失败论”为代表的唱衰社会主义与共产主义的言论，而且为不断凸显的世界性问题贡献出中国式解决方案。其一，中国现代化实践有力证伪了“社会主义失败论”，以中国的发展现实回应了福山的“历史终结论”。正如邓小平同志所说：“一些国家出现严重曲折，社会主义好像被削弱了，但人民经受锻炼，从中吸收教训，将促使社会主义向着更加健康的方向发展。因此，不要惊慌失措，不要

---

① 《邓小平文选》第3卷，人民出版社1993年版，第373页。

② 项久雨：《改革开放四十年中国道路的哲学沉思》，《哲学研究》2018年第12期。

认为马克思主义就消失了，没用了，失败了。哪有这回事！”[①] 中国的现代化实践，走完了西方资本主义强国数百年发展中走过的历史阶段：从一个物质贫乏、“一穷二白”的国家成长为拥有全球最完整的制造产业链的“世界工厂”，从一个消费能力极度薄弱的国家成为全球第一大消费市场，从一个科学技术落后的国家跃升为科技专利申请大国。其二，中国开始在世界舞台上频繁发声，为解决全球性问题提供新方案、新智慧。进入21世纪以来，尤其是2008年全球金融危机爆发后，世界各国对关涉人类文明发展的重大问题，诸如世界性贫富分化、全球性治理危机、恐怖主义泛滥、生态环境危机等的关注度普遍提升，全球性问题成为可能“终结历史”的“头号杀手”。对此，中国以五千年延绵不断的文明底蕴为智慧根基，以马克思主义关于人类社会发展规律为践行原则，以改革开放积累的发展经验为具体方法，为解决迫切的世界性问题提出可行性方案，其代表就是以构建人类命运共同体为核心旨归，以“一带一路”国际合作在多国落地扎根和筹建“亚投行”等有效举措为实践载体的中国方案，旨在缩小全球贫富差距、实现世界各国共同发展和有效化解全球性风险和危机。中国特色社会主义实践已然推翻了“历史终结论”对社会主义所做的“死刑宣判”，社会主义生机正盛并蓬勃发展。

与凌驾于实践之上的“历史终结论”预言相反，中

---

① 《邓小平文选》第3卷，人民出版社1993年版，第383页。

国现代化的实践进程蔚为壮观，呈现出别具一格的现代化图景：以建设现代化经济体系，实现高质量发展为目标的中国特色社会主义经济建设，以发展社会主义民主政治为目标的中国特色社会主义政治建设，以推动社会主义文化繁荣兴盛为目标的中国特色社会主义文化建设，以坚持在发展中保障和改善民生为目标的中国特色社会主义社会建设，以“美丽中国”为目标的中国特色社会主义生态建设，共同构成了中国特色的现代化的多维并举和全面推进之路。正如习近平总书记在党的十九大报告中所说：“中国特色社会主义进入新时代，意味着近代以来久经磨难的中华民族迎来了从站起来、富起来到强起来的伟大飞跃，迎来了实现中华民族伟大复兴的光明前景；意味着科学社会主义在二十一世纪的中国焕发出强大生机活力，在世界上高高举起了中国特色社会主义伟大旗帜；意味着中国特色社会主义道路、理论、制度、文化不断发展，拓展了发展中国家走向现代化的途径，给世界上那些既希望加快发展又希望保持自身独立性的国家和民族提供了全新选择，为解决人类问题贡献了中国智慧和中国方案。”① 实践至上的中国现代化之路证明，历史远未终结，被终结的只能是“历史终结论”。

---

① 《中国共产党第十九次全国代表大会文件汇编》，人民出版社2017年版，第8－9页。

三、中国现代化实践的历史意义

中国的现代化实践在经济、政治、文化、社会和生态各领域取得了举世瞩目的历史性成就，是与资本主义现代化模式有着根本区别的崭新路径，不仅有力地驳斥了福山的“历史终结论”，证明了人类社会发展形态以及社会政治制度形态的多样性特征，并为发展中国家开辟更为多元的现代化发展道路提供了价值论、认识论和方法论参考。

第一，揭示“历史终结论”的非理性思维逻辑，力证历史不会终结，人类社会将以多样性的形态持续发展。人类的存在决定历史不会终结于某个理想的状态，无论这一状态的呈现是观念的还是实践的。恩格斯在《路德维希·费尔巴哈和德国古典哲学的终结》中指出：“历史同认识一样，永远不会在人类的一种完美的理想状态中最终结束；完美的社会、完美的‘国家’是只有在幻想中才能存在的东西；相反，一切依次更替的历史状态都只是人类社会由低级到高级的无穷发展进程中的暂时阶段。”[①] 人类社会历史是一个自我发展和自我完善的有规律的客观过程，人类发展的每一个阶段都具有历史必然性，必须从联系、变化和发展的观点去考察历史现象和社会问题。

马克思、恩格斯指出：“历史不过是追求着自己目的

① 《马克思恩格斯文集》第 4 卷，人民出版社 2009 年版，第 270 页。

的人的活动而已。”[1] 人的实践活动永无止境，人的认识不断向前更新，历史既不会终止于人的意识之中，也不会终结于人类实践所遭遇的暂时性失利和阶段性挫折之中。人的存在、人的意识与人的自觉的实践，为历史的伸展与延续提供了最为根本的基础，这也是马克思不将共产主义视为人类全部历史的终结，而是“前历史的终结”[2] 与“真正历史”的起点以及一种旨在翻转现存社会统治并不断在新的“至高点”上开启持续运动的关键所在。[3] 中国现代化实践所产生的意义，不仅在于它为“历史终结论”打上了“伪劣”的标识，还在于它为人类历史发展道路提供了多种可能性，验证了历史发展向度的多维性与无限性。人类发展的历史是一个不断地从“必然王国”走向“自由王国”的过程，这个历史无论在社会发展的哪一个阶段都不会终结。“在生产斗争和科学实验范围内，人类总是不断发展的，自然界也总是不断发展的，永远不会停止在一个水平上。因此，人类总得不断地总结经验，有所

---

① 《马克思恩格斯文集》第 1 卷，人民出版社 2009 年版，第 295 页。

② 美国当代马克思主义者詹姆逊对福山的“历史终结论”提出批评，认同马克思所说的“不是历史的终结，而是前历史的终结。也就是说，在达到的那个时期中人类力量可以控制自身的命运，在那个时期，历史是集体实践的一种形式，它不再屈从于自然匮乏或市场、金钱这些非人的宿命论的东西”。（转引自郑伟《福山“历史终结论”批判三题》，《当代世界与社会主义》2006 年第 3 期）

③ 参见 Howard Williams. *Francis Fukuyama and the End of History*, Cardiff: University of Wales Press, 1997, p. 65.

发现，有所发明，有所创造，有所前进。停止的论点，悲观的论点，无所作为和骄傲自满的论点，都是错误的。”[①]从原始社会、奴隶社会、封建社会、资本主义社会到社会主义社会，直至共产主义社会是历史发展的总体方向，但历史发展的形式可以因实践的丰富而呈现多样性。

第二，为发展中国家走出一条具有自身特色的现代化之路提供中国经验。工业革命以来，以英法德美等为代表的西方国家，通过技术变革、政治改革等方式率先实现现代化，由此产生的现代化理论则将欧美等发达资本主义国家的现代化作为“普世”标准。发展中国家被认为只有重走既有的现代化发展之路、套用成型的现代化模式才能够实现从“旧世界”向“新世界”的转型。历史证明，中国的现代化之路打破了资本主义现代化模式“一统天下”的格局，突破了发达资本主义国家的现代化“封锁线”。中国不仅实现了从站起来到富起来的现代化质变，而且正在实现由富起来到强起来的历史性飞跃，形成独具特色的中国方案。中国方案在价值论、认识论和方法论上为发展中国家实现独立发展，形成独特模式的现代化路径提供了有益参考。

在价值论上，中国的现代化本质上是人的现代化，是致力于人的本质的全面复归，区别并超越资本主义现代化过程中的人的异化阶段，为发展中国家走向现代化提供了参考。在马克思看来，资本主义的现代化历史尽管实现了

---

① 《毛泽东文集》第8卷，人民出版社1999年版，第325页。

由“人的依赖性”阶段向“物的依赖性”阶段的转变，具有历史的进步意义，但资本逻辑主导下的资本主义现代化表现出追逐剩余价值的本性和资本主义与生俱来的对抗性矛盾，使得人的本质始终隐匿于物的关系背后。从马克思“人的关系三阶段”命题来看，由“物的依赖性”向“自由人的联合体”的转变是超越人的异化阶段、实现人的本质全面复归的共产主义运动的根本价值指向。有别于资本主义现代化带来的人的异化，在中国的现代化历程之中，始终把人民的发展程度作为检验现代化实践效果、理论成效和成败得失的根本价值标准，从“全心全意为人民服务”的宗旨原则，到“三个有利于”的评价原则和“人民满意不满意”“人民答应不答应”“人民高兴不高兴”的衡量标准，直至“以人民为中心”的价值取向，无一不是为了实现人的现代化，由此实现人的本质的全面复归始终是中国现代化的根本价值取向。这一重要经验为发展中国家的现代化提供了价值论参考。

在认识论和方法论上，中国的现代化是由实践逻辑引导的、以改革为动力、以开放为活力的现代化，根本区别于并超越了资本主义现代化的资本扩张逻辑和掠夺路径，为发展中国家走向现代化提供了参考。马克思在论述资本的原始积累时指出：“资本来到世间，从头到脚，每个毛孔都滴着血和肮脏的东西。”[①] 资本主义现代化，本质上是追求资本增殖和利润最大化的过程，在资本逻辑的主导

① 《马克思恩格斯文集》第5卷，人民出版社2009年版，第871页。

下，这一过程必然伴随着掠夺和剥削。资本主义引以为傲的现代化，正是建立在洗劫世界市场、殖民落后国家的基础之上的，以牺牲其他国家和民族利益为代价的现代化。与此形成鲜明对比的是中国的现代化发展道路，它以实践逻辑为引导，确立了一条与资本主义相异的对内改革、对外开放的现代化之路。40 余年的改革开放，中国不断通过对内改革体制机制以破除发展性障碍，向外积极参与国际性活动稳步推进现代化。其间，未见掠夺式的血雨腥风，未见殖民式的扩张称霸，充分彰显了中国与世界各国在合作、互利、共赢中的广泛发展和普遍进步。中国的现代化道路是一个实践—改革、开放—实践的递进过程，这一过程的演进实现了对资本主义现代化的逻辑超越和方法论超越，也为发展中国家的现代化进程提供了认识论和方法论借鉴。

30 年前，在世界社会主义运动遭遇深刻危机之际，福山兜售“历史终结论”或“社会主义失败论”，妄图在虚无历史和架空实践的基础上，宣判资本主义的“永恒胜利”和共产主义的“历史性退场”。时至今日，社会主义中国的和平崛起以及由此引发的全世界对“中国道路”等问题的空前关注和多维探讨，使得“历史终结论”不得不在实践的反击中黯然退场。对中国学者而言，深入探讨中国现代化实践带来的理论效应，以哲学致思的方式总结中国现代化实践中的得与失，既是回应类似“历史终结论”等带来负面影响的异质话语与强势论调的理论自觉，也是深化中国特色社会主义实践的现实诉求。

第五章

中国现代化发展的百年历程与经验

内容摘要

中国的现代化已然历经从被“裹挟”到主动发展的百年历程。在世界现代化的总体脉络中审视中国现代化发展的百年历程，坚持以世界现代化发展的普遍规律为基础来探寻道路的特殊性，是中国现代化发展的独特历史经验。始终立足于中国国情的具体特征和总体趋势，阶段性地谋划中国现代化的奋斗目标并审慎选择具体战略，是中国现代化走出一条区别于西方现代化和苏联社会主义现代化道路的宝贵经验。中国现代化实践力图克服“资本逻辑”宰制，指向了人的现代化逻辑的根本价值旨趣；超越了“控制自然”模式，追求人与自然和谐共生；打破了“国强必霸”发展定式，实现了和平发展，创造了现代化发展的“奇迹”。延续中国现代化发展的“奇迹”，应当汲取现代化历史实践中的经验启示，擘画中国未来现代化发展的美好前景与实践过程的客观要求，开启全面建设社会主义现代化国家的新征程。

中国共产党成立以来的沧桑百年，是中华民族对现代化不懈追求和艰辛探索的历史进程。现代化发轫于西方社会，且对世界现代化的历史进程产生了深刻的影响，但通向现代化却不止一条道路或一种模式。依循世界现代化的普遍规律并找到独特发展道路，立足国情的具体特征并发挥人的主观能动性进行战略推进，这是在中国现代化百年历程中反复回响、变奏中凝结出的宝贵经验。纵观现代化在中国演进的发展状况，中国的现代化进程始终与世界整体现代化运行保持密切关联，可以用“挑战与机遇并存”予以概括。在中国开启全面建设社会主义现代化国家新征程之际，尤其是在面临挑战可能大于机遇的现代化发展现状中，继续深入研究现代化问题应当秉持“世界历史”的理论视野，促使现代化真正成为一种综合性、全面性的发展道路。而将中国现代化发展的百年历程置于世界现代化的总体脉络中予以梳理，总结和审视中国现代化百年历程所熔铸的宝贵经验和中国智慧，有助于进一步深化现代化问题的学理研究和中国现代化道路的实践探索，并为仍处于现代化发展进程中的后发展国家提供有益借鉴，为推动世界现代化发展的进程贡献中国智慧。

一、发展的普遍规律性与道路的特殊性

现代化作为一项历史范畴是世界性的，其发展进程具有普遍规律性特质；而道路作为践行规律的现实形式，具有实现方式的特殊性。在唯物史观视域中，规律是事物之

间的本质、稳定的关系，其因经历了矛盾运动和反复呈现，积淀出一般趋势，在以经济分析和社会分析为基础的历史科学方法的作用下，能够为人类社会的发展指明现实的实践遵循；而道路则指具体国家和民族根据本国的历史背景、经济基础、政治制度、文化传统、地缘位置等制定的具体发展路径。只有找到遵循规律的现实道路，才能把握现实社会生产方式的发展在整个历史进程中的地位和作用，并最终达到愿景和目标。

伴随着 16 世纪现代生产方式即资本主义生产方式的开启，人类社会进入到“现代”的历史阶段。现代化的发展进程体现了内在连续性与阶段性、普遍规律性与特殊性的统一。西方资本主义现代化整体呈现出经济领域的工业化、政治领域的民主化、思想文化领域的理性化以及三者之间相互作用的共同特征，西方开创的现代化道路所形成的工业文明、市场经济和民族国家等核心要素都直接塑造了世界历史的发展趋向。作为现代化“后来者”的非西方国家选择现代化、追随现代化并先后融入世界现代化的进程中，尽管在道路模式、实现方式、经验教训等方面呈现出显著的差异性，但同样遵循着与西方现代化发展相同的内在规律：在物质维度上，由农业社会转向工业社会；在精神文化维度上，由传统文化转向现代文化；在制度维度上，由专制转向民主。

追寻工业化是现代化的普遍规律，现代化是从农业社会转变为现代工业社会的世界历史进程。工业化是现代社会区别于传统社会的最主要标志。工业革命是以机器大工业生产代替工场手工业生产的过程，它要求实现人类历史上从未有过的技术大革命，也要实现生产关系的重大变革。在资本逻辑的主导作用和工业化大生产的需要的驱动下，西方世界的现代化基本趋向于走上工业化和进行工业革命的建设方式，与这一方式相伴而生的是资本生产出新的文明形式。资本主义生产方式在西欧取得了决定性的胜利，其引导人类社会从农业文明时代进入到崭新的工业文明时代，使得传统农业社会的彻底解体和现代工业社会的生成发展同时进行，从而开创了世界性的现代化进程。在马克思看来，正是凭借现代生产力的机器大工业，“资产阶级在它的不到一百年的阶级统治中所创造的生产力，比过去一切世代创造的全部生产力还要多，还要大”①。从动态的现代化历史看，尽管时代的发展赋予现代化不同的评判标准，但工业化的发展程度始终处于核心地位；从世界的现代化进程看，作为具有相对独立性和自我延展性的社会运行体系，工业化逐渐发展为能够“统治”新的世界文明的力量和法则，任何国家的现代化发展水平在世界范围内具有同一标准，即工业生产技术水平和创新能力。

现代化的进程不可避免会产生文化冲突，从而引发文化的变革。精神文化无所不在、无孔不入地渗透现代社会和个体生存的各个层面，作为基本的生存模式深刻地影响和塑造了现代人的生活。现代化体现为一种理性文化精

---

① 《马克思恩格斯文集》第 2 卷，人民出版社 2009 年版，第 36 页。

神，从传统社会的经验存在方式中“脱域”出来的现代社会的理性存在方式的特征是理性或精神获得自觉性或反思性。但现代化并非与传统文化的“决裂”，而是传统的精神文化在科学和技术进步中应对现代社会变化需要所做的调试，体现为作为个体的主体性和自我意识、作为群体的契约化的公共文化精神。在马克思主义的历史观与文明观视域中，物质在全球范围内的交换催生了精神文化交往的世界性，文化交往在全球现代化进程中呈现为文明成果共享和社会实践扩大的趋势，文化发展的本土性与世界性是辩证统一的过程，要求不同文化主体发展的民族局限性和片面性被不断消解。任何脱离世界普遍交往、无法接触世界文明成果的自我孤立和文化封闭都不可能真正推进现代化进程。

现代化既是生产力和生产关系的深刻变革，也会引发制度的革新。现代政治是在制度维度上实现公共权力民主化的实践过程，是经济现代化的上层建筑反映，并对经济现代化的整体过程发挥着能动的保障作用。以民主、自由、公正、法治等基本原则所支撑的价值理念和民主机制，是现代政治发展与进步的内在要求和普遍规律，① 使得现代国家从单纯的暴力专政工具转变为社会总体的“托管人”，如英国社会学家吉登斯所指“现代性指社会

① 参见王韶兴《现代化进程中的中国社会主义政党政治》，《中国社会科学》2019 年第 6 期。

生活或组织模式”①，以及意大利马克思主义理论家葛兰西所指的“牵制力量”和“领导权”的结合。广义的民主政治所体现的是人类自我解放的普遍性与人的全面发展的旨向性，现代化的政治发展必须以此为前提不断增强政治制度的民主性、合法性和法治性，在保证民主为现代政治文明核心价值的实践过程中，推动政治因素在全球现代化进程中逐渐与经济、社会相协调，使得现代政治成为推动社会进步发展的总体性力量。

世界上无论哪一个国家的现代化进程都蕴含了物质、精神和制度等层面的规律，但这并不意味着世界现代化道路的一元性。世界各国的现代化道路具有主体选择性，体现了发展的多样性。国际上对后发型现代化国家是否应该接受现代化这一问题曾经有过长时间的争论，如今共识的观点是，后发型国家只有走现代化道路才是根本出路。正如德国哲学家哈贝马斯所言，尽管现代化“存在着根植于体制的、自我生成的危险”②，但“仍然包含着规范的、令人信服的内涵”③，其“并非某种我们已经选择了的东西，因此我们就不能通过一个决定将其动摇甩掉”④。西

① ［英］安东尼·吉登斯：《现代性的后果》，田禾译，译林出版社2000年版，第1页。

② ［德］哈贝马斯：《现代性的地平线：哈贝马斯访谈录》，李安东，段怀清译，上海人民出版社1997年版，第123页。

③ ［德］哈贝马斯：《现代性的地平线：哈贝马斯访谈录》，李安东，段怀清译，上海人民出版社1997年版，第123页。

④ ［德］哈贝马斯：《现代性的地平线：哈贝马斯访谈录》，李安东，段怀清译，上海人民出版社1997年版，第123页。

方国家先发的现代化发展道路无疑由于资本逻辑和工业力量而具有先天优势，问题的关键是，后发现代化国家的现代化道路如何进行选择？在道路的选择过程中，如何体现现代化的特殊性？如何发挥民族国家自身的能动性？特别是在全球化的浪潮中，后发现代化国家融入世界历史现代化的进程的同时，如何增强独立性以应对外部现代性的刺激和挑战？这是一系列难题。一些后发现代化国家不顾本国实际而完全套用西方现代化的制度体系，走上"依附式现代化"的发展道路，最终跌入"发展陷阱"。历史事实已经表明，任何一个国家的具体现代化道路都不能成为他国简单复制的模板。现代化如同哈贝马斯所言是"一项未完成的设计"①，不论是现代化的先发地还是现代化的后发地，现代化由于其内在的特殊矛盾而不可避免地都具有各自的局限性并面临多种风险，特殊矛盾也需要与之相适应的特殊的解决办法。现代化作为实现人类解放和发展的道路而言，它主要不是一种认识人类社会和历史的方式，而是伴随现实境遇的变化和实践的发展不断展现创造性力量的过程。中国作为后发现代化国家，对待现代化的方式也不是对先发现代化道路的简单照搬或全盘否定，而是在遵从现代化的普遍规律下，以特殊的思维方式和实践理路应对中国面临的特殊问题。

在物质层面，中国的现代化道路始终遵循世界现代化

① ［德］哈贝马斯：《现代性的哲学话语》，曹卫东译，译林出版社2011年版，第1页。

的普遍规律，以工业化发展为核心命题，但既没有走资本主义工业化道路，也没有照搬苏联工业化道路，而是创造性地走社会主义工业化建设和社会主义改造并举的符合中国国情的工业化道路，确立了社会主义基本制度，为中国的经济结构、阶级关系发生根本性变化奠定了现代化事业发展的物质基础。中国共产党人清醒地认识到经济文化落后的现实和社会主义发展的初级阶段是不可能被跨越的，因此需要“利用自己的政治统治，一步一步地夺取资产阶级的全部资本，把一切生产工具集中在国家即组织成为统治阶级的无产阶级手里，并且尽可能快地增加生产力的总量”①。中国在新中国成立初期建立起比较完整的基础工业体系和国防工业体系，在改革开放后明确提出优先完成工业现代化的任务，面对不同时期的社会主要矛盾和矛盾的主要方面而制定发展方案，着力解决现代化进程中存在的物质上不平衡不充分的问题。中国的现代化建设始终以物质生产为基础，注重将对不同时期社会发展的阶段性分析与现实的生产需要相结合，为中国现代化融入世界历史进程奠定了现实基础。

在精神文化层面，针对中国传统农业社会根深蒂固的文化模式的特殊性，以及中国社会运行和活动方式的深层、隐性的传统文化根基，面对人情化的传统文化模式与理性化、契约化的现代文化之间出现的冲突，中华民族开

① 《马克思恩格斯文集》第2卷，人民出版社2009年版，第52页。

启了中国式的文化现代化建设的方案，为现代化事业得以纵深推进创造了精神条件。中国共产党人既深刻认识到以文化现代化促进整体现代化的普遍规律，凭借文化交往的契机对自身的价值观念予以塑造与传达，在文化建设和交流中坚持将文化作为现代化发展的内生动力，在处理传统文化和现代文化、马克思主义与中国传统文化的关系上，又坚持站在社会形态变革的高度对中国优秀传统文化进行创造性转化和创新性发展。在面对中国文化和西方文化的关系时，中国共产党人意识到大胆借鉴和辩证吸收人类文明的优秀成果并“为我所用”的意义，也领悟到坚持文化和意识形态的中国立场和鲜明的本土价值取向的必要性。中国现代化建设在批判性汲取世界文明成果的基础上，创造性地发展了面向现代化、面向世界、面向未来的中国特色社会主义文化。

在制度层面，面临帝国主义和殖民主义的侵略威胁、本国与发达国家之间的巨大差距，中国共产党人不断追求建立现代民主国家，为经济、政治和文化的不断发展创造条件。中国追求现代化的历史，伴随着彻底的制度革命和深刻的政治变革，这与先发现代化国家所具有的公共生活领域、公共权力领域的自发性相区别。中国的现代化体现出制度制定的自觉性和权威性，能够将有限的资源条件动员和集中起来用于关系国计民生的关键环节，有效地解决由于社会变迁所造成的社会矛盾。中国的现代化建设与改革是从经济制度领域开始的，制度的变化在各领域都发挥着关键性的引领作用，在现代化的历史推进中，中国始终推进社会主义民主制度建设，不断推进权力运行机制的民主化、法治化、制度化和规范化，保证了人民当家作主的充分实现，彰显了中国制度体系的建设与改革对于现代化道路发展的显著优势。

世界各国的现代化进程，既具有普遍的规律性，又具有道路选择的特殊性。中国现代化的历程同样彰显了世界现代化发展规律的普遍性与各个国家实现道路多样性的统一，在“普遍规律”和“特殊道路”的统一中，既顺应了世界现代化潮流，又保持了民族性特色。中国现代化的经济、政治和文化发展实践均立足于经济社会落后国家的历史条件而独立自主地选择合规律性和合目的性的发展路径，立足于中国现代化发展中所面临的现实性与理想性、内在性与外在性之间的矛盾运动。马克思主义的矛盾普遍性和特殊性关系的原理，在中国现代化进程中得以充分体现。

二、国情条件与现代化发展的阶段性推进

现代化作为社会发展的整体变迁和上升运动，其本质指向现代化发展中“现实的人”的主体性觉醒与发展。现代化的进程既体现客观规律性，也体现人的主观能动性，是客观规律性和主观能动性的统一，所蕴含的基本尺度是人作为主体的人的能力提升与全面发展。社会的建设与人的发展是辩证统一的关系，人的现代化程度根本反映了社会现代化建设的水平。现代社会中人们的生存方式和

社会结构伴随着社会形态从传统向现代的转型过程而不断形成，客观规律性和主体选择性始终贯穿现代化的全过程。在中国现代化进程的主体选择中，无论是物质层面、精神文化层面还是制度层面的建设，都不能脱离中国的基本国情条件，这是制定现代化战略的总依据。中国现代化的百年历史，是中国共产党和中国人民在对国情条件的不断认识和运用中持续推进的历史进程，其可以划分为初步开启、战略奠基、重大转折和全面建设四个阶段。

自中国共产党诞生到中华人民共和国成立之前，是中国现代化的初步开启阶段。鸦片战争后的中国沦为半殖民地半封建社会，这既是近代中国社会的性质，也是中国这一时期最基本的国情，独特的国情条件决定了中国现代化道路起点的特殊性。中国社会在“自然选择”“适者生存”的现象中把握了自身历史变迁的客观规律，发掘自身存在的现实条件，中华民族开始救亡图存的反复求索，中国各个阶级的有识之士先后发起创办近代军事工业和兴办民用企业的洋务运动，振兴商务、奖励实业的维新变法和立宪运动以及建立资产阶级共和国的种种尝试，在器物、制度和文化的层面上对现代化进行了积极探索，但都未能摆脱中国贫穷落后的面貌，中华民族的现代化进程仍未实质性地开启。“帝国主义所允许范围内的现代化”①是极其有限的和具有局部性的现代化，中国被裹挟至世界

① 胡绳：《从鸦片战争到五四运动》，人民出版社 2010 年版，第 10 页。

历史进程中，但在现代化过程中，中国并未实现工业化和相应的市场经济，这一现实背景实际上反映出在中国走西方现代化道路的虚妄性。1921 年诞生的中国共产党，深刻思考近代中国社会由传统向现代转型的历史命运，竭力求索中国救亡图存的民族方式，历史性地开启了中华民族迈向现代化的正确道路。党的纲领揭示了帝国主义和中华民族之间、封建主义和人民大众之间的社会主要矛盾，毛泽东同志在 1925 年提出："为什么要革命？为了使中华民族得到解放，为了实现人民的统治，为了使人民得到经济的幸福。"① 中国共产党人运用马克思主义的基本原理正确把握了中国革命的具体实际，意识到"用和平方式进行革命是不可能的，只有通过暴力消灭现有的反常关系"②，中华民族"只有当它作为一个独立的民族重新掌握自己的命运的时候，它的内部发展过程才会重新开始"③。中国共产党领导人民取得新民主主义革命的胜利，民族独立和人民解放恰中肯綮地从根本上变革了阻碍生产力发展的生产关系，从而为现代化建设扫清了道路。1940 年，毛泽东同志在《新民主主义论》中明确提出："不但要把一个政治上受压迫、经济上受剥削的中国，变为一个政治上自由和经济上繁荣的中国，而且要把一个被旧文化

① 《毛泽东文集》第 1 卷，人民出版社 1993 年版，第 21 页。

② 《马克思恩格斯全集》第 3 卷，人民出版社 2002 年版，第 411 页。

③ 《马克思恩格斯全集》第 18 卷，人民出版社 1964 年版，第 630 页。

统治因而愚昧落后的中国，变为一个被新文化统治因而文明先进的中国。一句话，我们要建立一个新中国。”[①] 对新中国的构想蕴含着中国共产党人对近代以来中国历史进程的客观规律的认识，以及对现代化内涵的正确认识和合理规划。1949 年召开的党的七届二中全会明确提出了把落后的农业国建成先进的工业国的奋斗目标。中国共产党诞生于民族危难之际，以科学把握中国基本国情为方法论基础，正确认识近代中国社会的性质和社会主要矛盾，在革命的推进中开启了中国现代化的民族进程和接续奋斗的历史探索。

自中华人民共和国成立到改革开放前的历史时期，是现代化的战略奠基阶段。基于经济社会落后的农业国和工业基础薄弱的基本国情，中国共产党人主要致力于建设“先进的工业国”，并在一切重大措施上注重发挥人民群众的主体性和积极性，初步形成了现代化的发展战略，确立了现代化的发展方向。这一时期的西方现代化仍处在以“工业为主导、农业为基础”的两极结构为框架的“经典现代性”时代，与此相对的，是以优先发展重工业、军事工业为鲜明特征的苏联社会主义现代化模式，这两种现代化的较量决定着世界现代化的基本格局。工业化的发展始终是中国孜孜以求的现代化理想，然而，由于缺乏社会主义建设经验，同时面临着西方资本主义阵营在外交、经济、军事上的敌视和封锁，中国的现代化学习、借鉴和沿

① 《毛泽东选集》第 2 卷，人民出版社 1991 年版，第 663 页。

用了苏联的现代化模式，试图探索和把握社会主义现代化建设的特殊规律。中国现代化发展迅速取得巨大成就的同时，由于过多强调重工业和基础设施建设而导致经济发展失衡，这促使党和国家领导人明确社会主义现代化建设必须依据本国国情走自己道路的思想，开始意识到不能仅仅将工业化的建设等同于现代化发展，开启了有别于苏联的中国工业化道路的实践探索。毛泽东同志依据中国经济社会建设的实际提出必须处理好“十大关系”，制定了以农业为基础、工业为主导，按照农轻重为序发展国民经济的总方针，中国确立了现代化建设的奋斗目标是实现“四个现代化”①，提出了将工业化与社会主义现代化有机结合的“两步走”战略，中国工业体系的“从无到有”战略构想突出了不同领域建设的层次和重点，相比于传统的工业化发展策略而言形成了重大突破，有力地推动了现代化建设向前发展。但由于中国在探索过程中逐渐脱离了国情实际，在经济上急于求成和盲目求纯的倾向，政治上误判社会主要矛盾，外交上错估国际形势，导致社会主义建设探索制定的方针政策一度超越了社会主义初级阶段的实际，违背了生产建设和经济发展的客观规律，引致经济发展滞后等消极后果。社会主义建设初步探索的经验和教训

---

① 参见《毛泽东文集》第 8 卷，人民出版社 1999 年版，第 116 页。1954 年周恩来在第一届全国人民代表大会第一次会议上提出实现“四个现代化”的目标，当时的提法是“现代化的工业、现代化的农业、现代化的交通运输业和现代化的国防”，这是中国的第一个现代化实践目标。

深刻表明现代化建设必须从实际国情出发，必须准确把握中国社会存在的演变态势，从而将过去社会建设中出现的矛盾困境纳入现代化建设整体的审视视域，促使现代化的建设规模和推进速度应当与国情国力相适应。

自改革开放到党的十八大召开，现代化经历了重大转折的第三个历史阶段。中国共产党人依据生产力发展水平远远落后于发达国家的国情条件，相继提出并逐步践行了“中国式的现代化”、小康社会、“三步走”等现代化发展战略，实现了现代化战略的重大转折。这一时期新科技革命兴起、后工业社会来临，新世界力量崛起和世界经济政治格局发生重大重组，以邓小平同志为主要代表的中国共产党人把握时代主题的变化，对社会主义建设探索的曲折和失误进行深刻反思，做出把工作重点转移到社会主义现代化建设上来的战略决策，不仅丰富了现代化建设思想内涵，而且进一步使得现代化建设的战略部署更加细化和深入。这一阶段的现代化发展科学把握了“处于并长期处于社会主义初级阶段”的基本国情，遵循经济社会发展的客观规律，以此作为现代化建设的基本依据，始终坚持从中国社会的特点出发，坚持以经济建设为中心，创造性地将市场和社会主义制度结合，在根本上破除了束缚生产力发展的僵化经济体制，超越了西方市场经济和苏联社会主义计划经济。现代化确立了建设“富强、民主、文明的社会主义现代化国家”[①] 的奋斗目标，在吸引和利用外资、兴办中外合资企业、创办经济特区等创举中将一切符合现代化生产规律的先进科学技术、资金、管理经验进行创造性转化，赢得了比较优势并积极“走出去”参与国际竞争与合作；在发展同世界各国的友好关系中，形成了有利于现代化建设的外部环境。当苏联社会主义模式失败、国际共产主义运动陷入低潮时，中国现代化建设始终坚持“三步走”战略，确立了实现现代化建设的具体步骤，并根据新阶段新要求不断地调整、细化和纠偏，接续完成各阶段任务目标，在社会发展过程中将战略目标的确定与战略部署的调整融为一体。进入 21 世纪，中国经济进入高速发展时期，但发展出现了协调性不足、发展方式亟待转变等现实问题，倒逼着中国共产党适时调整现代化战略，明确注重科学全面可持续的建设小康社会的奋斗目标。中国现代化带来了深刻的工业革命、技术革命和社会革命，引导了影响深远的经济转轨、社会转型和发展方式转变，实现了人类现代化史上前所未有的创举。社会主义现代化建设经过几代人的战略赶超和接力奋斗，在批判性汲取现代文明成果和中国现代化建设经验的同时，将社会主义的建设整合到现代化崭新类型的构造过程之中，助推中华民族实现“富起来”的历史使命。

党的十八大召开以来，我国进入了开启全面建设社会

① 《十三大以来重要文献选编》（上），人民出版社 1991 年版，第 211 页。

主义现代化国家的新阶段。基于社会主要矛盾已经转化、社会主义初级阶段的基本国情并未改变的实际，新阶段的现代化战略从总体上规定了实现社会主义现代化强国的远景目标，从基本实现现代化向全面实现现代化推进。伴随着经济全球化、世界多极化、社会信息化和文化多样化的时代特征发生深刻变革，世界现代化面临着世界性与民族性、发达国家与发展中国家之间的矛盾与冲突。作为新兴崛起的现代化大国，中国全面审视“百年未有之大变局”、新科技革命浪潮兴起的世界大势，立足于中华民族“强起来”的历史节点，主动回应并谋求现代化持续发展的价值诉求。这一阶段的现代化发展已然完成了由前现代的农业文明整体性地向现代工业文明的历史转型，在前现代、现代、后现代的共时态叠加中完成了西方现代化强国数百年的历史任务。尽管现代化发展仍然有不充分和不平衡的问题，但这一时期的中国现代化已经结束了对西方的“学徒状态”，其发展理念和战略的吸引力、影响力日益增强，愈发成为后发展国家借鉴和参考的样本。面临新的时代机遇和挑战，习近平总书记主张从自身的现代化建设转向人类命运共同体的构建，以实现全人类共同利益的发展，在此意义上逐渐赋予了现代化以科学的内涵和意义，并在科学化的构建模式中揭示全球生产力凝聚的内在机制，厘清自身现代化生产力的发展在世界社会历史中所起的作用。中国现代化方案精准把握世界发展大势、维护人类的共同利益，在应对全球性危机和挑战中开始对外辐射，不可避免地超出了资本主义现代化的范围而开始显出新的发展形态。但这种对外辐射的意图并非将中国的现代化方案强加于其他国家和民族，而旨在使比现在所有发达国家人口总和还要多的中国人民进入现代化序列，这在世界社会主义发展史上、人类社会发展史上具有重要的世界历史意义。

百年中国现代化历程呈现出发展规模的“超大性”、发展时间的“压缩性”和发展战略的“阶段性”。中国现代化始终面对客观规律与主观能动性的辩证关系问题，多维度建设统一于对具体国情条件的深刻把握之中。中国逐一推进的现代化的目标、任务和战略制定的根本依据，来源于对国情状况和阶段性特征的准确分析，社会主义现代化建设的“时间表”和“路线图”与中华民族从“站起来”“富起来”到“强起来”的历史逻辑高度契合。中国的现代化发展历史呈现出以经济社会运行的客观规律为基本分析方法的清晰脉络，不断努力将这一科学方法运用于具体的现代化建设阶段，中国始终坚持从本国国情出发做出自主选择，将现代化建设视为各个领域在社会历史中新陈代谢的延伸，追求现代化进程中具体的、有限的现存状态的不断超越，在稳定与变化、宏观与微观的关系中创造了现代化发展的“奇迹”。

三、现代化实践与“奇迹”的创造

中国现代化的百年历程是从理论不断走向实践的过程，内蕴着理论生成、问题解决、理论创新及至实践深化的逻辑主线，在破解层出不穷的现实难题中总结了经验与教训，在现代化实践的进程中创造了世所罕见的“奇迹”。中国现代化的实践与发展所取得的“奇迹”是多方面、多维度的，从现代化实践的变革性意义看，我们可以从人自身的现代化、人与自然关系的现代化以及国家与国家关系的现代化的三重维度概括出现代化发展的“奇迹”所在。

（1）克服“资本逻辑”宰制，迈向了人的现代化，创造了人自身现代化发展的奇迹。中国的现代化开创了工业文明图景，创造了生产力的高速发展、民主制度的历史进步、社会分工的科学合理和文化发展的广泛共享，其实质是一种以人为中心的现代化。这种现代化与资本主义现代化具有本质性的不同。如果“世界性的现代化发展若仅仅依附于资产阶级单一的生产方式和寄生于一元的资本主义肌体之内，只会将‘现代化’沦为‘西方化’的附庸，从而自溺于当代人类文明发展的泥淖之中”①。西方资本主义现代化从未把人的发展逻辑作为根本逻辑，更没有将人的价值的维护和弘扬作为根本目的，而是以“物”的现代化为旨归，用资本逻辑支配现代化的实际运行，制定生产、生活和交往的社会规则，控制人的思维方式与行为方式，人的生存和发展的现实需要则被迫屈从于资本逻辑“脚本”规定的内容而展开活动。马克思认为，资本

---

① 刘同舫：《马克思主义哲学中国化70年及其历史贡献》，《四川大学学报（哲学社会科学版）》2019年第4期。

主义生产方式造成了作为人的“类本质”的物质生产劳动产生异化，进而导致了人的异化、人的剥削和人的价值的贬低。马克思、恩格斯对资本主义生产过程的矛盾性和对抗性因素进行了解构，批判了资本逻辑的宰制，提出人的全面发展是全部哲学的核心，而社会主义现代化就是让人复归到真正的人的本质，表明对现代化发展的客观规律的分析也要遵循人的生存本质这一根本规律性的范式。中国现代化实践以“人本逻辑”为根本逻辑，一以贯之地以人的发展为根本目的，不断彰显了“人”的基本价值。在追求经济繁荣、政治民主、文化创新等维度赋予现代化以人的发展性价值诉求，最终落脚于人的现代转型以“占有自己的全面的本质”。中国现代化实践始终尊重人民群众的主体地位，把人的解放和发展作为改革的目的和手段，激活了中国人民的自主创造和伟大智识，转化为现代化改革的无穷动能和活力。由于人的主体性在现实中呈现为多样性、差异性的存在，这就需要对人的现代化进行多层次的分析，而现实成效以人的现代化程度的实现为主要表现形式。从现实性成效来看，现代化实践纵深推进的历史进程中实现了人的“多向度”发展：人在政治生活中，人民当家作主的权力得到充分保障，全面依法治国的现实推进并维护了人民的合法权益，人民的主人翁意识不断增强；人在经济生活中，经济的现代化为人的全面发展提供了物质前提，经济的跨越式发展以及对社会分配公平性的注重，使得人民的生活水平不断提升，促进不同地区、不同阶层的人民的整体发展和平衡发展；人在文化活动中，由于整体现代化不断塑造了先进的文化产业体系和市场体系，推进了文化事业和产业的高质量发展与经济社会的高质量发展深度融合，为实现更高层级的人的解放创设了条件，人民的文化教育层次、思想道德水平和现代文明素质得到显著提升，人们的思想观念、思维方式、行为习惯、社会关系等日趋现代化。当人们在社会各领域的生产中发掘社会历史的现实关系对历史整体发展的规律性作用时，“人本逻辑”也就从历史演进的维度中凸显出来了。在现代化实践中，人的现代化发展始终贯穿于经济、政治和文化等多维度的现代化之中，体现了对马克思关于人的自由和全面发展价值旨向的遵循。

（2）超越“征服自然”方式，消解人与自然的紧张状态，创造了人与自然共生的奇迹。现代化以“征服自然”的方式创造人类巨大物质财富的同时，也加速了自然资源的消耗，打破了地球生态系统原有的循环和平衡，造成人与自然的关系愈发紧张。西方资本主义国家的现代化是以无限度掠夺资源和无节制破坏环境为代价的，日趋严峻的生态危机凸显了现代化发展的“自然限度”；功利主义、实用主义倾向进一步加剧了人与自然的对立和失衡，使得自然界千差万别的“果实”沦为资本增殖和经济社会发展下虚幻的泡影，破坏了人类赖以生存的自然条件。西方学者对现代化发展模式进行了深刻反思：美国哲学家马尔库塞对技术理性统治和技术世界中人的异化的生存境况进行批判，将这一异化状态的人斥为“单向度的人”；加拿大生态学家威廉·莱斯对西方现代化模式的核心概念——“控制自然”进行了批判，并认为人类妄图“控制自然”将遭到大自然的报复；法国生态学家安德烈·高兹对西方资本主义制度进行了审视，认为生态危机并不是现代化造成的，根源在于以资本逻辑为表征的经济理性，提出了从生态政治、生态经济、生态伦理三个维度构建生态理性以应对生态危机的解决方案。这些反思具有一定的启发意义和现实意义，所提出的方案各有不同，但不变的都是对资本主义制度的坚守和西方意识形态的维护。恩格斯曾指出：“我们不要过分陶醉于我们人类对自然界的胜利。对于每一次这样的胜利，自然界都对我们进行报复。”[①] 在马克思、恩格斯看来，现实的人与自然本应是共存共生的，是彼此对象性依托、协同性进化的关系，而在资本主义制度条件下，人与自然的共生关系被颠覆。资本主义条件下的异化劳动不仅导致了人与人关系的异化，也导致了人与自然关系的异化。马克思、恩格斯对人与自然关系的分析向我们揭示了人类是如何在资本逻辑的驱使下牺牲掉自然界而实现自身发展的，即在以经济建设为主要任务的现代化发展的框架下，人与自然的和谐共存成为“牺牲品”。在中国的现代化进程中，同样不可避免地面临经济发展与环境保护、生态化与现代化“如何兼得”的世界性难题，也曾经以牺牲环境为代价换取经济的发展而导致生态遭到严重破坏。中国共产党及中国人

---

① 《马克思恩格斯文集》第 9 卷，人民出版社 2009 年版，第 559－560 页。

民逐渐意识到传统发展模式带来的环境问题，坚持马克思主义的生态观和历史辩证法，扬弃了传统现代化建设中以经济增长为核心的发展观，在转变经济发展方式的实践中相继提出了科学发展观和新发展理念。特别是在现代化发展进入新时代以来，把“美丽中国”确定为现代化目标之一，不断践行“绿水青山就是金山银山”的理念，坚定不移走生态优先、绿色发展之路。通过不断创新和完善人与自然和谐共生的体制机制，形成覆盖源头、过程、结果和追究的生态环境保护体系，以绿色发展机制建设促进经济高质量发展和引领经济社会绿色转型。中国的现代化愈加重视人与自然的关系的演变，通过生态文明建设来重构人与自然的和谐并存，以敬畏自然、尊重自然取代控制自然、征服自然，真正实现了自然生态的美丽与人类社会的富强民主文明和谐之间的“交相辉映”。

（3）打破“国强必霸”思维，遵循国家关系的历史规律，创造了和平发展的奇迹。资本主义现代化国家内在隐匿着霸权逻辑，其往往通过扩大领土的控制权、扩充政治影响、扩展对国际经济的控制等手段，谋取尽可能多的经济盈余，以增强其综合国力、维系其霸权地位。西方现代化表达了对其自身主导的历史发展的总体性规律的迷恋，淹没了个性和特殊条件的自由选择，蕴含着一种遗忘甚至消弭了以真实社会与人的存在为发展根基的现实威胁。西方现代化的理论逻辑与实践逻辑必然推导出“国强必霸”的思维判断和处理国际关系的思维惯性。对于西方国家而言，“国强必霸”的思维不是显明历史发展趋势的逻辑，而是经过了特定的意识形态改造的、异于国家交往关系的逻辑。美国政治学家亨廷顿曾预言，在21世纪初，可能会发生非西方国家的力量和文化的复兴，并导致非西方国家因复兴而发生与西方国家之间的冲突。[①] 人类的多次战争也印证了“国强必霸”看似无比“正确”的历史法则。资本主义国家确实通过霸权的方式，维系了资本国际谋利的“生命线”，将资本主义生产方式持续展开并在一切国家和民族实体中加以实现，以资本主义的工业化方式宰制世界现代化进程进而主导世界历史走向。但“国强必霸”的思维并不具有历史必然性。认为“国强必霸”是一种规律性的存在，落入了某种思维定式的窠臼，正是西方世界向来将中国想象为世界的不稳定因素，才拟制了这种关于中国的“国强必霸”的话语逻辑。解放和发展是人类社会至关重要的主题，只有消除“国强必霸”的逻辑支配力量，人类社会才能免于在强权的控制下失去自我批判和超越的生存能力。中国百年现代化之路，经过了艰辛探索和不断实践，历经苦难的中国人民珍惜和平，确立和奉行独立自主的和平外交政策，始终坚持和平的根本旨向和发展道路。国家现代化以和平发展为需要是中国人民得出的必然结论和根本规律。德国社会学家马克斯·韦伯综合分析了中华民族内政外交所遵循的和平规律的传

① 参见［美］塞缪尔·亨廷顿《文明的冲突与世界秩序的重建》，周琪、刘绯、张立平等译，新华出版社2010年版，第125页。

统，将中国称为“和平化的世界帝国”①。在新时代，中国共产党延续了热爱和平的外交传统。党的十八大以来，中国提出的构建人类命运共同体、构建新型国际关系、共同维护和平等重要理念和重大战略，都是以一种新文明类型的客观前景作为基础定向而提出的既有继承性又有原创性的方案。中国的现代化实践以和平的姿态进行，以倡导合作取代霸权及沟通实现共赢的方式，实质性地打破了西方世界仍然奉行的“国强必霸”的逻辑思维。虽然中国的现代化道路具有不能依附于任何一个民族国家的独特性，但中国对人类社会运行的客观规律的遵循、对全人类共同利益和价值根据的确证，符合历史不断前进的内在逻辑和深层要求。因此，全球现代化的发展依然可以借鉴中国的认识模式和方法在多样差异的现实中寻求共性和统一的可能，从而获取关于人类社会整体变迁和发展的基本规律。中国现代化深植于世界历史的整体进程中，在社会主义现代化建设中始终能够正确处理国家与国家的关系，积极巩固和发展同周边国家和世界各国的友好合作关系，为促进世界和平做出了应有贡献，并为不同民族国家实现和平安宁的现代化提供了成功示范和拓展了实践空间。

中国现代化发展的百年历史，是既遵循现代化发展普遍规律又致力于探寻特殊道路的过程，是在规律支配下始终依据国情条件进行主体选择和阶段推进的过程。中国的

---

① ［德］马克斯·韦伯：《儒教与道教》，洪天富译，江苏人民出版社2008年版，第165页。

现代化道路有别于西方，但并未完全脱离西方主导的现代化发展逻辑，它在全球化进程中仍然对资本运行中展现的内在本质和发展趋势进行探索，并在探索中不断超越资本逻辑主导的西方现代化模式的道路。现代化实践所创造的“奇迹”无可争议地证明了除西方现代化模式之外，必将存在其他可能的现代性形式和现代化道路。中国“另辟蹊径”的现代化之路，其本身具有时空叠加的复杂特质和依循国情的独有属性，并伴随着世界现代化进入深刻变革期，日益展现出“世界历史”的意义。现代化并不仅仅意味着国家富强，而是在完成阶段性任务的同时建构中国的现代性即中国的现代文明秩序，这一愿景正伴随中国现代化方案的不断完善并推动世界现代化的多样性发展。探寻世界历史和现代化道路发展的多样性，是对世界各国共同攻克现存困境、不断实现解放和发展的共同价值原则与实践尺度的求索。中国的现代化发展道路并不是一成不变的固定概念，而是依循时代发展而不断成长的形态；中国现代化进程并不是一个抽象的可能性问题，而是一个最终指向如何构建“真正共同体”的实践问题，其有待在社会主义现代化强国建设的理论回应与实践探索中不断做出回答。

第六章

在创新中挖掘中国人民自信的力量源泉

内容摘要

实现中华民族伟大复兴的中国梦，不仅需要坚实的物质基础，还需要强大的精神支撑。“四个自信”就是中国梦的精神支柱。中国梦是坚定不移走中国特色社会主义发展道路的梦，体现了道路自信；中国梦是以马克思主义为指导的梦，体现了高度的理论自信；中国梦是坚持和完善中国特色社会主义制度的梦，体现了高度的制度自信；中国梦是在继承中华优秀传统文化和革命文化的基础上，发展社会主义先进文化的梦，体现了高度的文化自信。“四个自信”产生了强大的精神支柱，“四个自信”使中国人民产生了具有时代感的“脱贫自信”，也推动了现代化进程特别是贫困治理机制保障的形成，脱贫攻坚的成果从根源上体现出与“四个自信”的高度关联。改革开放的成果以及中国日益走向世界舞台的中央，使得中国人民倍感自信。在中国自信的感召下，中国共产党提出构建人类命运共同体的理念，对马克思主义做出了原创性的理论贡献。我们应当在充满自信的基础上，进一步深入研究人类命运共同体的话语创新与实践贡献。

一、“四个自信”是中国梦的精神支柱

自信是一个民族的精神脊梁，如果缺乏自信，一个民族就会在精神上“缺钙”，就会失去民族的凝聚力和生命力，就会失去未来。实现中华民族伟大复兴的中国梦，不仅需要坚实的物质基础，还需要强大的精神支撑。“四个自信”就是中国梦的精神支柱。没有马克思主义的坚定信仰，没有中国特色社会主义的坚定信念，没有中国特色社会主义的制度保证，没有中华文化的精神动力，就不可能实现中国梦。

党的十八大以来，习近平总书记从不同角度对中国梦进行了系统全面的阐述，从指导思想、制度基础、领导力量、依靠力量、实现途径、发展战略和奋斗目标等各个层面，深刻揭示了中国梦的丰富内涵，对中国特色社会主义做了最简洁、最通俗、最形象的理论概括和总结。

中国梦是坚定不移走中国特色社会主义发展道路的梦，体现了高度的道路自信和自觉。道路决定命运，道路引领未来。近代以来，中国历史发展的内在逻辑充分证明了中国特色社会主义道路自信的历史必然性。实现中国梦必须走中国道路。中国道路是在改革开放 40 多年的伟大实践中走出来的，是在中华人民共和国成立 70 多年的持续探索中走出来的，是在对近代以来中华民族发展历程的深刻总结中走出来的，是在对中华民族 5000 多年悠久文明的传承中走出来的。这条路具有深厚的历史渊源和广泛

的现实基础。

中国梦是以马克思列宁主义、毛泽东思想和中国特色社会主义理论体系为指导的构想，体现了高度的理论自信和自觉。一个国家、一个民族要实现自己的伟大梦想，一刻也不能没有科学的理论指导。中国梦目标的确立不仅建立在对中国革命、社会主义建设和改革开放的成功经验的坚实基础上，而且建立在对科学理论的高度自信上。习近平总书记根据新形势和新实践，提出一系列治国理政的新理念新思想新战略，极大地丰富了马克思主义特别是中国特色社会主义的理论体系，为实现“两个一百年”奋斗目标，为实现中华民族伟大复兴的中国梦提供了科学生动的理论指导，使全面建成小康社会，一步步完成阶段性历史任务，一步步接近民族复兴、国家富强、人民幸福的中国梦目标，有了明确的方向和锐利的思想武器。

中国梦是坚持和完善中国特色社会主义制度、不断彰显社会主义制度优势的梦，体现了高度的制度自信和自觉。这样的制度设计符合我国社会主义初级阶段的基本国情，充分体现了中国特色社会主义制度的特点和优势，具有广泛的包容性和强大的整合力，是当代中国发展进步的根本保障。

中国梦是在继承中华优秀传统文化和革命文化的基础上，发展社会主义先进文化、建设文化强国的梦，体现了高度的文化自信和自觉。文化是民族的血脉，是人民的精神家园。文化荒漠上立不起伟大的民族。回望历史，任何一个民族的强盛和发展，都离不开先进文化的支撑；审视当下，文化更是国家综合实力和竞争力的重要体现，关系到国家前途和民族复兴。站在新的历史起点上，中华优秀传统文化、近现代革命文化和社会主义先进文化乃当代中国文化自信的深层源泉。文化自信为坚定道路自信、理论自信和制度自信奠定了根基，文化自觉是对实现中国特色社会主义伟大事业的自觉实践和积极投入，饱含着实现中国梦的意志和信念。

（1）以道路自信坚定正确方向。道路关乎党的命脉，关乎国家前途、民族命运、人民幸福。道路选择不正确，再美好的梦想都将无法实现。实现中国梦必须走中国特色社会主义道路，这是历史的结论，也是现实的必然。世界上没有“放之四海而皆准”的发展道路和发展模式。评价一个国家的发展道路是否正确，首先要看这条发展道路是否适合本国国情，是否符合时代发展要求。中国特色社会主义道路既坚持科学社会主义的基本原则，又根据我国实际和时代特征赋予自身鲜明的民族特色和时代特色，因而成功谱写了“中国故事”，造就了“中国奇迹”。然而，面对成绩我们也要保持清醒的头脑。在实现中国梦的前进道路上，未来的风险和困难将更加严峻。改革发展上还存在不少矛盾和问题，在这些困难和问题没有得到根本解决的时候，“回老路”“走邪路”的声音还会不时地干扰我们实现中国梦的前进步伐。为此，我们必须坚定走中国特色社会主义道路的信心，既不走封闭僵化的“老路”，也不走改旗易帜的“邪路”，坚持实现中国梦的正确道路与方向。

（2）以理论自信弘扬中国精神。民族复兴，国家富强，不仅在于物质财富的丰裕，还应有民族自立自强自信的精神。在经济飞速发展、人民生活水平大幅提升、社会财富急剧增加的同时，社会上也存在着拜金主义、享乐主义和奢靡之风，一些党员干部理想信念缺失、道德滑坡严重。没有共同精神力量支撑的民族不可能自立，没有共同精神力量支撑的国家不可能真正富强。实现中国梦需要弘扬中国精神，这是凝心聚力的兴国之魂、强国之魂。在马克思主义指导下，在实现中国梦的伟大实践中，中国特色社会主义理论体系不断创新发展，当代中国精神包含了以爱国主义为核心的民族精神和以改革创新为核心的时代精神。党的十八大以来，以习近平同志为核心的党中央在新的历史条件下奋勇开拓、不断创新，形成了一系列治国理政新理念新思想新战略，为发展当代中国马克思主义做出了重大贡献。

（3）以制度自信凝聚中国力量。一个国家选择什么样的社会制度，既由这个国家的国情和性质所决定，也由这个国家经济社会发展的历史进程所决定。中国特色社会主义制度是中国特色社会主义的特点和优势，充分体现了制度的稳定性、统一性与多样性、公平性的有机结合，为当代中国的繁荣发展提供了可靠的制度支撑。坚定制度自信，必须在实现中国梦的伟大实践中，坚持和完善中国特色社会主义制度体系。只有加快建立和完善民主权利保障制度、法律制度、司法制度、公共财政制度、收入分配制度、社会保障制度等，构建起系统完备、科学规范、运行有效的制度体系，才能确保每个人都能够充分发挥聪明才智，最广泛最充分地调动一切积极因素，不断为中华民族的伟大复兴增添正能量。

（4）以文化自信激发不竭动力。“周虽旧邦，其命维新”，民族复兴的中国梦要有文化自信，要有价值支撑。世界上没有哪一个民族像中华民族这样，既创造了5000年的悠久文化，也承受了近代以来山河破碎、丧权辱国的巨大痛楚；也没有哪一个民族像中华民族这样，有着如此强烈的复兴意志。这种意志植根于中华优秀传统文化的沃土，具有顽强的生命力，中华民族不仅在遭受外侵之后浴火重生，而且在马克思主义中国化的过程中不断与时俱进。文化的核心是价值观，社会主义核心价值观是当代中国文化的核心和灵魂，彰显着当代中国政治话语所蕴含的价值、理念和意识形态。中国文化之所以能够拥有自信，是因为中国文化根植于中华优秀传统文化的深厚土壤，具有独特传统、原创精神和巨大的影响力。在马克思主义中国化的历史过程中，中国文化进行了转化和创新，并在民族独立和解放中获得了新生。

当代中国的文化自信，要立足于中华优秀传统文化，着眼于当代中国统筹推进“五位一体”总体布局和协调推进“四个全面”战略布局的实践，着眼于中华民族伟大复兴的未来愿景，加快推进社会主义文化的大发展大繁荣，建设社会主义文化强国。同时，要加快文化“走出去”的步伐，建立当代中国话语体系，讲好中国故事，传播中国智慧，为中华文化屹立于世界文化之林，为国家富强、民族振兴、人民富裕，为实现中华民族伟大复兴的中国梦提供无穷动力和源泉。

二、“脱贫自信”与贫困治理机制保障

“四个自信”使中国人民产生了具有时代感的“脱贫自信”，也推动了现代化进程特别是贫困治理机制保障的形成。2020年是全面建成小康社会目标的实现之年，是全面打赢脱贫攻坚战的收官之年。绝对贫困消除之后，扶贫工作的重点难点将发生重要变化，贫困治理将进入一个新的发展阶段。为了巩固脱贫攻坚成果，建立解决相对贫困的长效机制，我们需要在继承脱贫治贫好经验、好做法的基础上推进机制化、制度化建设，促成多层次资源支撑保障机制的形成与可持续发展，进一步巩固脱贫成果。党的十九届四中全会审议通过的《中共中央关于坚持和完善中国特色社会主义制度、推进国家治理体系和治理能力现代化若干重大问题的决定》明确提出，要“坚决打赢脱贫攻坚战，巩固脱贫攻坚成果，建立解决相对贫困的长效机制”。相对贫困治理需要多层次、多体系的资源支撑和全方位保障，而目前普遍地存在着劳动力、土地、资金等资源要素内部矛盾以及各要素之间无法相互促进的问题。针对贫困问题产生的根源与突出的资源分配矛盾，应当在继承脱贫治贫好经验、好做法的基础上推进机制化、制度化建设，促成多层次资源支撑保障机制的形成与可持续发展，进一步巩固脱贫成果，这些成果产生的根源与

“四个自信”高度关联。

（1）坚持党的领导与人民主体相统一，完善劳动力资源开发机制。党的坚强领导是中国特色社会主义制度的最大优势，是赢得反贫困斗争胜利的根本政治保证。坚持党的领导，首先体现于从上级领导层面统筹好相对贫困治理的政策制定、项目规划、资金筹备以及工作落实与指导；其次凸显为发挥集中力量办大事的社会主义制度优势，汇集社会各方人才力量与资源优势，形成相对贫困治理的合力机制；最后体现在基层党组织落实党的方针政策，下沉相对贫困治理劳动力资源，最为基础的是发展干部驻村帮扶机制、健全党员干部联系和服务群众制度，以及组织参与机制、志愿服务机制、消费帮扶机制等整合机制。在长期扶贫开发实践中，党中央形成的外力驱动与贫困农民的内生动力相促进、支援“输血”与主动“造血”相转换、“先富”定向支援带动“后富”脱贫致富的机制，应当在相对贫困治理当中得到巩固与发展。坚持人民的主体地位，要着眼于发挥人民群众的主体性，强化相对贫困治理的“造血”功能，激发群众脱贫治贫内生动力，做到发展为了人民，发展依靠人民。要坚持扶贫与扶志、扶智相结合，推进群众主体的协同机制的完善。一是健全扶贫与扶智相结合机制。通过聘请技术人员、创业致富能手等实现人才资源“引进来”与培训村里治贫致富骨干实现人才资源“走出去”相结合的扶智机制，提高治贫地区劳动力的文化素质和职业技能。二是健全扶贫与扶志相结合机制。结合治贫具体举措开展思想疏导与道德建设，完善适应相对贫困地区的思想道德教育体系，充分调动和激发贫困群众的主动性和创造性，从根本上改变贫困群众落后的思想观念，树立积极的脱贫致富意识，提振“脱贫自信”。

（2）坚持生态优先原则与壮大特色产业相结合，强化自然资源保护与开发机制。自然资源是生存发展的基础性资源，决定着相对贫困治理的基础和难度。相对贫困地区自然资源保护与开发的矛盾长期存在，一是原有的资源开发利用与保护必须长期保持适度张力，杜绝出现环境污染、过度开发，甚至是资源耗尽等不可逆的恶果。二是后脱贫时期还会衍生出次生态环境污染与破坏问题，包括生活污水与垃圾的处理、违规建筑、养殖产生的生态破坏、不文明的生活方式等等。三是相对贫困地区在解决基本的生存问题、物质生活问题之后，发展问题、精神生活提升问题就会越发突显。习近平总书记明确指出：“贫困地区尽管自然条件差、基础设施落后、发展水平较低，但也有各自的有利条件和优势。”① 树立绿水青山就是金山银山的理念，加强生态环境保护，以特色产业脱贫为重点，加强自然资源保护与开发机制建设相对贫困治理，才能够走出一条生态文明建设和脱贫攻坚相互促进的路子。相对贫困地区可以引进与联合企业对自然资源进行旅游产业和特色农业的规划与开发，打造休闲旅游产业，以乡村特产形

---

① 习近平：《做焦裕禄式的县委书记》，中央文献出版社 2015 年版，第 17 页。

成特色产业。同时嵌入有效的生态资源保护机制，让群众在环境保护工作中潜移默化地树立起自然环境和资源的保护意识，形成保护生态与发展生态的新风尚、新文明。

（3）坚持加大资金投入与廉洁治理相结合，推进建设资金保障机制。《中共中央国务院关于打赢脱贫攻坚战的决定》指出，各类投入是打赢脱贫攻坚战的基本保障，其中财政投入发挥着主体和主导作用。政府主导既是贫困治理的基本原则和宝贵经验，也是我国制度优势的具体体现，合理地加大政府资金投入，并通过公开透明管理与廉政建设，能够为资金有效运用、有效增殖提供保障。一是推进财政专项扶贫资金管理机制改革，实行资金分配与工作考核、资金使用绩效评价结果相结合机制，探索以奖代补等竞争性分配机制，形成扶贫项目整合扶贫资金机制。二是完善金融服务机制，充分发挥政策性金融的导向作用，引导和鼓励商业性金融机构创新金融产品和服务，推进金融机制向贫困地区的扶贫贴息贷款、资金互助、支农服务工作机制建设。三是完善扶贫资金使用管理体系，政府要落实扶贫项目资金绩效管理有关要求，严格执行扶贫资金项目公告公示制度，确保扶贫资金围绕脱贫攻坚项目进行精准使用，让扶贫资金的使用在阳光下进行。四是构建全面监管体系，完善领导干部问责机制，持续加强扶贫资金绩效评价工作，切实加大财政专项扶贫资金监督检查力度。

相对贫困有效治理需要建立在“四个自信”的基础上，有了“四个自信”就会有“脱贫自信”。在“脱贫自信”的框架下，资源支撑保障机制内在形成了各要素之间协调一致、有序发展的关系，并在相互供给、各自发力中保持一定的度与量的平衡状态，在最优化系统构成上促进资源整合；以系统的思维整合资源，以问题为导向，精准发力、集中发力，推进了资源支持保障机制化建设，这既有利于因地制宜整合资源，形成集中发力机制，又有利于精准投放资源，形成精准机制。将整合的多种资源针对“贫根”采取不同的脱贫措施，对症下药、精准滴灌、靶向治疗，形成精准机制。治理格局与精准机制的有机结合，为相对贫困治理提供了整体性方略保障与机制支撑，也反过来使中国人民更加自信。

三、“四个自信”与人类命运共同体的贡献

中国百年实践，使中国人民逐步走向世界舞台的中央并倍感自信。“四个自信”所产生的强大力量，使中国赢得了世界各国人民的好评。中国在世界的地位也决定了中国有力量为世界做出新的贡献。站在时代发展的高度，习近平总书记高瞻远瞩地提出了全球治理的新理念，构建人类命运共同体是其中的重要内容。目前，它已成为一个以中国声音、东方概念、中国表述为核心要素的标识性话语，为推动中国参与全球治理“发声”、为解答人类共同问题“开方”、为世界社会主义发展“献策”，产生了广泛的世界影响。当前，我们应当在充满自信的基础上，深入研究人类命运共同体的话语创新与实践贡献。

（1）为参与全球治理发出中国声音。在世界舞台上发出声音，是对中国立场和观点的清晰表达，是提升我国国际话语权的有效途径。近年来，人类社会面临的经济发展不平衡，人口、资源与环境不协调等共同挑战愈发凸显，迫切需要各国携手应对。习近平总书记在2017年达沃斯世界经济论坛年会和联合国日内瓦总部发表两场演讲，使构建“人类命运共同体”的理念得到各国政府、政党、媒体和国际组织的持续关注，进而为在推进“一带一路”的宏伟实践中突破西方话语霸权提供了增信释疑、凝心聚力的思想范式和话语支撑。如今，“构建人类命运共同体”已经被载入联合国决议、安理会决议，彰显了其对破解全球治理难题具有时代性与实践性的贡献。2018年的达沃斯世界经济论坛以“在分化的世界中打造共同命运”为年会主题，这是对构建人类命运共同体思想的延续和拓展，也再次证明了该理念的现实针对性和战略前瞻性。同年3月，习近平总书记在十三届全国人大一次会议上进一步提出，“让人类命运共同体建设的阳光普照世界”。这超越了西方主流国际关系理论，有力地回应了“修昔底德陷阱”谬论，彰显了一种新的秩序观和发展哲学，为世界贡献了广为流传和广泛认同的“中国方案”。

（2）为世界社会主义发展贡献东方概念。话语是对核心概念的陈述与言说，承载着特定的核心价值，是一种软实力。东方话语向西方受众传播、社会主义话语向资本主义世界传播时，需要对中国社会发展的核心理念和价值进行阐述。在苏联解体、东欧剧变之后，“历史终结论”一度甚嚣尘上，彻底否定社会主义的价值；“西方中心论”“文明冲突论”则完全无视人类文明的多样性。当前资本主义全球化治理危机体现为国际经济复苏乏力、国际秩序不平等、文化多样性被压制，这迫切需要一种从理念和实践上的超越。身处于资本主义话语与规则强势包围之中的中国，坚持自己的主体道路，在古老的东方创造了社会主义发展的成功经验，这是中国特色社会主义对世界社会主义的巨大贡献，也是东方文明对人类文明的巨大历史性贡献。这种贡献，既源于社会主义制度优越性的发挥，又归功于中华民族5000年文明史中所蕴含的东方智慧。习近平总书记多次在不同场合向世界人民传递中国传统文化“天人合一的宇宙观、协和万邦的国际观、和而不同的社会观、人心和善的道德观”，并以“大道之行也，天下为公”的哲理来阐释以合作共赢为核心的新型国际关系，以“一花独放不是春，百花齐放春满园”的诗句来表达同世界各国共赢共享构建人类命运共同体的全球视野和博大胸怀。2017年12月，中国共产党与世界政党高层对话会成功举行，习近平总书记以东方“茶”文化的创意元素和“美美与共、和而不同”的传统理念来生动诠释中国共产党邀请世界政党共议构建人类命运共同体的政党责任，引发世界政党和国际社会的强烈共鸣。构建人类命运共同体思想是对马克思主义共同体理论的时代性发展，是社会主义“公平”“公正”价值追求的重要体现。它既与社会主义中国坚持独立自主和平外交政策、坚持和平共处五项原则等外交理念一脉相承，也是中国“和”文化在中国特色社会主义进入新时代的创造性转化和创新性发展，更是“和而不同”的哲学基础与文化基因与社会主义核心价值相融合的全新话语体系。

（3）为解答后发展国家难题提供中国表述。话语是既有理论支撑又有核心价值的范畴，同时是一种人际言语交往实践。中国政治话语是在中国道路的形成过程中提出，以中国作为后发展国家的现实国情为背景，对中国道路的理论阐释和观点陈述。中国的发展与世界上其他后发展国家一样面临着很多共性问题，中国破解这些生存与发展难题所凝练的经验、提出的观点具有共通的、一般性的普遍规律。当前，面对纷繁复杂的国内外形势，习近平总书记提出要打造融通中外的话语体系。这要求我们既要以新概念、新范畴、新表述来展示中国独特的生存状态，又要对接国际惯用的话语体系和表达方式，以便于国际社会理解和接受。习近平总书记在多个场合阐释构建人类命运共同体思想，为解答世界问题形成了中国表述、中国修辞、中国寓意。比如，在出席博鳌亚洲论坛 2018 年年会开幕式时，他引用“积土而为山，积水而为海”的中国古语来表达中国与世界各国共同构建人类命运共同体的美好愿景和现实必然。这样的比喻是人类在创造美好生活的起步、上升阶段的共通经验和感受，由此能够跨地域、跨文化、跨语言地激发后发展国家人民的共鸣，继而成为那些“既希望加快发展又希望保持自身独立性的国家和民族”所参照和借鉴的宝贵经验，是中国智慧为解决发展问题做出的重要贡献。伴随着“一带一路”建设的深入实施，构建人类命运共同体理念也将愈发彰显其在拓宽现代化发展路径、丰富世界发展模式、确证人类文明发展多样性的世界意义。

第七章

在跨学科中推进哲学与心理学的视域融合

内容摘要

心理学在其诞生之初就试图将自身建构成为一门“规范”科学，在研究对象、方式手段、价值定位上都存在着最能体现启蒙理性精神的技术主义倾向。国内外学者已经意识到技术式心理学研究发展走向的矛盾与偏误，并对其进行了批判性反思，但在反思视域上基本囿于心理学学科内部。若既从心理学自身出发又兼以技术哲学的视角对技术式心理学研究取向进行跨学科反思，借助技术哲学对与技术主义心理学有颇深渊源关系的技术本质进行揭示，通过跨学科研究重新审视技术维度在心理学中的作用与功能，能够进一步启发人们对技术主义倾向强调知识性揭示和描述而偏离存在性思想或精神之局限性的充分认识。

早期心理学的创立者为测量那些所谓上帝所赋予人的神秘力量（如灵魂等），选择相对成熟的自然科学为参照和效仿的样板，引入曾在自然科学中极其成功并广泛应用的精密方法对人的内心世界进行测量研究，竭力把心理学框定为自然科学的分支学科，这一做法走向极端的代表就是行为主义学派。此后，现代心理学的主流发展方向就一直沿袭着这种技术式的研究理路。从心理学和技术哲学双重视角批判这种极端的纯技术化的发展倾向，可以清晰地看出心理学研究脱离“存在”之基础，退居学院化“知识”一极的弊端。这样的反思和审视有助于推进心理学研究走向的调整，避免人文主义的失落和工具式的异化研究，促进学科与心灵的共同健康发展。

一、心理学研究的技术主义取向

自17至18世纪欧洲启蒙运动以来，启蒙思想家们“用理性改变世界，为世界建立符合人类理性秩序”的愿望和诉求广为流传、深得人心。最能体现启蒙理性精神的技术主义不仅彻底改变了人类的生产、生活方式，还借助自然科学渗透人的心灵，成为最正确、最权威的认知世界工具。伴随着技术主义对人类各方面的入侵，心理学在科技霸权的语境中也采取了技术主义的研究取向，并因此挣脱了思辨哲学的怀抱，独立为一门具有自身理论体系与逻辑路向的学科。承接着启蒙理性对人性精确认识与塑造的精神取向，现代心理学渴望把自身建构成为一门“规范”

的科学，这种学科发展要求必然使其采取技术主义的建构路径。

其一，研究对象上，心理学以实证主义为基础哲学，强调对感觉经验和行为现象的“可靠”研究。现代心理学的开山鼻祖冯特（W. Wundt）为了把心理学改造为精确的科学，极力反对哲学对心理学的指导，但却自愿地接受了法国哲学家孔德的影响，“我们拒绝一切不以经验为基础的哲学思辨，不要那种建立在哲学预想之上的心理学。我们需要这样一种哲学，它的思辨之所以有价值只是因为在每一步骤上注意到了心理学以及科学的经验事实”[①]。冯特的心理学注重对实在的、有用的、精确的感觉经验的直观描述，具有明显的实证印记，这一研究取向被以华生（J. B. Watson）和斯金纳（B. F. Skinner）为代表的行为主义学派“发扬光大”。行为主义学派倾向于把心理现象纳入直接经验的内省框架中，将心理学术语还原为行为术语，把一切心理活动转译为可见的行为操作，认为人的行为、动物的行为以及引起人与动物行为的环境影响之间具有一系列简单的共同要素，即刺激和反应，无论多么复杂的人类活动都可以被还原为刺激和反映之间的联结。因此，行为主义学派认为，要建立科学的心理学就必须摒弃一切主观的意识内容、心理过程与心理事件，只需研究客观的心理现象。华生甚至提出，只要一个人的行为

---

① ［德］冯特：《人类与动物心理学讲义》，李维译，北京大学出版社2013年版，第2页。

是可预测的，就无须关心所谓心灵的东西。[①] 显然，20 世纪初期的这种行为主义技术式研究将人还原为动物模型，以技术方法来决定研究的对象，是实用主义哲学在心理学中的具体体现。虽然这种对象研究取向招致批判，但其实质并未受到应有的质疑。20 世纪 50 年代中期，西方学界逐渐兴起一种新的心理学思潮，并在 70 年代成为主要流派——认知心理学。这一思潮把产生心智的生理基础即大脑比作计算机的硬件，内部认知机制比作计算机的软件，从而使得研究意识和心理的心理学拥有了与自然科学相一致的客观性标准，即一整套致力于处理“心理符号”而非认知的真实事件的内因与外因及其相互关系的操作程序。倘若如此“认知过程处理的不可能是外在于认知的真实事件，只能像计算机那样处理‘符号’”。而认知心理学所追求的是一种具身的认知的活动，其本质并非抽象符号的加工或运算，而是由人的生物、心理和文化因素组成的身体经验所构成。[②] 认知心理学的产生，尽管使人的思维、语言等心理过程的研究得到重视，但其将人脑等同于电脑，认知过程等同于计算机的操作过程，把认知与行为肢解为信息的输入、输出及其分析，未跳出技术主义的禁锢。新兴的认知神经心理学虽强调对人脑的研究，但将人的心理现象与行为还原为神经电位事件和计算机的程序

---

① 参见殷宏淼《实证主义对心理学的影响》，《社会心理科学》2014 年第 2 期。

② 叶浩生、麻彦坤、杨文登：《身体与认知表征：见解与分歧》，《心理学报》2018 年第 4 期。

处理方式，承袭了传统的技术主义研究路径。计算机分析认知心理学识别认知意识和无意识的差异性已充分暴露了“计算的解释鸿沟”的客观存在。有学者认为，以心灵、意识、思维的表征与句法的“共变机制”来建构计算机解释的内在状态，从而消解“计算”的“内部过程”的解释鸿沟。[①] 但这一观点目前还是无法解释人的主观体验与客观介质的解释鸿沟问题。总之，实证主义深刻影响了构造心理学、激进行为主义、新行为主义、认知心理学对其对象的研究，虽然不同流派在具体理解什么是不证自明的经验命题与如何证实经验的命题上不甚一致，但在追求经验证实原则和技术式研究上却是一致的。

其二，方式手段上，心理学以技术的物质形态为主要“工具”，将理性所贯穿的技术化思维和数据式逻辑作为主要分析“规则”。现代心理学家为了摆脱形而上的思辨，提高策略的可靠性和研究的有效性，开始借助强有力的科学技术，通过精密严格的数据收集与事实分析来寻求人类心理发展与变化的基本规律。相较于量化研究而言的质性研究在心理学研究传统里往往被主流所忽视，有学者较为深刻地认识到“量化研究追求的客观性和跨情境唯一性易造成研究和实践脱节，而心理学质性研究方法在研究复杂心理现象和产生新的概念、新的理论方面展现了潜力。心理学质性研究的复兴正使心理学处于一个多元化转

---

① 赵泽林：《“计算的解释鸿沟”的新证据及其哲学反思》，《自然辩证法通讯》2019 年第 6 期。

向的阶段”[①]。基于学者的研究，心理学若持续地采取单一的量化研究方法，将对心理学科学研究方法体系多元化的构建产生极其不利的影响。事实上，在现代心理学产生前，赫尔姆霍兹（H. V. Helmholtz）、费希纳（G. T. Fechner）和韦伯（W. E. Weber）等人就已经涉及心理学的技术式研究，创立了心理物理学技术。而冯特及其之后的心理学家则更加注重运用技术工具和技术手段来提高解决心理问题的水平，并取得相关心理学研究的突破性成就。例如，艾宾浩斯（H. Ebbinghaus）运用实验方法，测定了记忆和遗忘之间的数量关系，提出了著名的遗忘曲线；比纳（A. Binet）和西蒙（T. Simon）采用测验方法编制了第一个智力量表；等等。面对复杂的心理问题，心理技术学工作者越来越寄希望于对新技术手段或新技术工具的开发应用，甚至认为只有利用现代科技而进行实验操作的方法才是心理学最“科学”的方法。类似的观点在中国得到发展，如有学者认为技术因素日益成为心灵和认识的本质要素，以技术主义为核心的技术化认识论研究进路，通过其技术模型使得认识主体外在化、可视化和客观化将是未来的发展趋势，同时其为以自然科学为核心的自然化认识论研究进路提供了支持和推进，这是因为借助技术工具可以直接研究作为科学研究对象的人脑这一自然的认识器官，

---

① 何吴明、郑剑虹：《心理学质性研究：历史、现状和展望》，《心理科学》2019 年第 4 期。

使得内在的认识活动成为一定意义上可观察的对象。[①] 不可否认，现代技术的发展和普及为心理学的实验提供了软硬件的支持，依托以实验、实证、定量为主要特征的技术化认识促进了心理学研究方法的多样化及其学科属性的综合性发展。心理学家凭借技术和手段对人的心理行为进行的实际干预与影响，可以“改变心理行为的现状，提高心理生活的质量”[②]。比如，脑电图（EEG）、正电子发射断层扫描技术（PET）、功能核磁共振成像技术（FMRI）等研究脑机能的技术方法，可以辅助探讨病人的直觉、记忆、推理、情绪和某些人格特征，进而判断病人所遇到的心理障碍、情景障碍以及各种心理异常。现代技术有效促进了心理学的各种实验研究，在科学心理学发展中具有不可否认的巨大贡献，正如俄国神经活动生理学的奠基人巴甫洛夫（I. P. Pavlov）所言：“科学是随着研究方法所获得的成就而前进的。研究方法每前进一步，我们就更提高一步。随之在我们面前也就开拓了一个充满着种种新的、更加广阔的远景。因此，我们头等重要的任务乃是制定研究方法。”[③] 但在心理学研究中过度依赖现代技术及其方法，欲把任何心理问题的解决都变成可以操作、控制的技

---

① 肖峰：《认识论：从自然化到技术化》，《哲学动态》2018 年第 1 期。

② 葛鲁嘉：《心理学应用的理论、方案和领域研究》，《河南师范大学学报（哲学社会科学版）》2004 年第 6 期。

③ ［俄］巴甫洛夫：《巴甫洛夫选集》，吴生林等译，科学出版社 1955 年版，第 49 页。

术化的方式，将严重弱化心理问题的复杂性和心身关系、心物关系的完整性。

其三，价值判断上，心理学秉承自然科学的价值立场，强调研究者在研究中持毫无偏见的中立态度。除了有形的技术工具和技术手段之外，还有一种影响心理学发展的心理意念、心理观念和心理理念，即研究者对待心理学研究的态度。起源于西方文化的实证心理学或科学心理学认为，研究者是主动方，被研究者是被动方，两者之间是完全分离的。基于此，研究者作为研究主体，不涉及任何情感价值，即使在思考与人有关的问题时，也不考虑与此密切相关的人的情感因素。心理学与自然科学一样，研究的结果不因时间、地点和研究者的改变而发生任何改变。坚持对心理和行为进行客观化、无价值立场实验研究的行为主义和信息加工理论往往被视作“学院派”或“科学心理学”的典型理论特征。心理学的无价值立场研究导向会在整体上造成社会的运作模式、人们的精神空间受制于技术理性，个体的心灵、信仰等非理性的东西被忽略和舍弃。正是意识到这一点，经典精神分析学派、新精神分析学派、人本主义学派很少使用“科学心理学”所认可的实验方法，也很少使用统计方法探讨变量关系。马斯洛（A. H. Maslow）曾指出：“人们提供给我们的是巧妙完整的、精细的和第一流的实验，但这些实验中至少有一半与长期存在的人类问题没有关系。”[1] 然而，即使是这些心理学的非主流学派也仍然没有摆脱技术理性的窠臼。精神分析学者所提出的具有人文关怀与情趣的潜意识（latent consciousness）、自卑感（inferiority feelings）、自我同一性（identity）、神经症人格（psychoneuroses）等也必须通过一定的技术手段来反映，如对防御机制和自由联想的测量技术等，而且精神分析本身也是一种与人无涉的客观分析技术。[2]

非生命的理性技术注重研究过程的严格操作，重视引入自然科学的成果，在心理学摆脱思辨哲学成为一门独立学科的建构中贡献巨大。但把技术绝对化和主义化，将技术手段及其技术逻辑设定为心理学基本标准的技术主义倾向则是心理学研究中必须反思与批判的。

二、来自心理学学科内部的批判性反思

心理学在 19 世纪末期成为独立学科后，就一直在以自然科学（nature science）和人文科学（human science）为两端的“心理学天平”中相互摆动。技术主义心理学的指针偏向于在世界心理学发展中占主流形态的自然科学，其大量参照、借用自然科学成就来发展心理科学的基

---

① 辛自强：《心理学研究方法》，北京师范大学出版社 2012 年版，第 25 页。

② 参见刘华《心理学技术人道主义的构建及其途径》，《自然辩证法通讯》2005 年第 6 期。

本概念、解释原则和应用规则，使心理学遵循自然科学的研究范式。而人文科学心理学充分意识到技术主义倾向在心理学研究对象、方式方法、价值追求等方面的弊端，在心理学内部对技术式研究进行了深刻的反思，批判指出自然科学观念和方法在研究人的心理现象方面并不具“先验”前提性。这种在心理学内部对心理学技术主义建构路径的前提性追究和批判性思考成为心理学的发展趋势和时代必然。

第一，反思的主体来源于心理学领域内部。西方心理学史表明心理学是在争论中获得发展的，各个门派自立观点，相互攻击已为常态，在这种论战的学科环境中，来自心理学领域内部的人文科学心理学家也已看到技术主义心理学把心理学限定在一个非常狭小的边界里的隐患，并对其发起责难，认为这种仅仅信靠技术手段和技术思维的研究模式只能反映出人类的低级心理活动，如反射、感知觉等，解释不清楚人与人之间的本质差异以及社会文化的发展和人性的变化。美国心理学家安斯托思（Aanstoos）曾反思道：“心理学在整个20世纪的大多数时光是致力于非人性的研究，那些关在笼子里的、饥饿的、发生了变异的白鼠成了主要对象。在过去的20年代发生了一种转变，认知心理学取代了行为主义，成为心理学的主要范式，于是，白鼠出去了，计算机模型进来了。但是唯一不变的仍然是心理学中真正人的边缘状态。”① 其实，无论是布伦塔诺的意动心理学、苛勒与考夫卡的格式塔学派、弗洛伊德的精神分析学还是马斯洛的人本主义心理学，都在不同的语境中批判了秉承自然科学观的技术式心理学对自然科学方法的盲目崇拜与无限制滥用。伴随着心理学学科的进一步发展，人文科学心理学家重新思考心理学的理论体系和学科性质，在新的时代境遇下呼吁心理学人文关怀向度的彰显。“科学心理学百年的发展表明，心理学按自然科学的模式去构造的努力是不成功的。科学心理学不仅无力涉及人类心理的广阔领域，而且也无法容纳已有的关于人类心理的研究成果。心理学研究的多元化越来越成为心理学家必须面对的现实。当今社会呼唤的是一种全新的、更贴近社会生活、更适应人类需要的心理学。要讨论的是活生生的人，而不是思想；是人们之间的关系，而不是行为；是讲故事，而不是讲真理；是创造新的生活方式，而不是对现存在异化模式努力去适应。”② 这里的科学心理学与技术主义心理学具有同质性。因此，现代心理学家在内部意识到虽然自己具有精湛的技术、客观的程序、严格的操作，但这种研究带有明显的技术主义倾向，仅起到对心理意识的静态观察，无法准确把握与人类内在心理活动的动态变化过程，有时甚至是与现实的人格格不入的假

---

① Frederick J. *The Humanistic Movement*: *Recovering the Person in Psychology*. Lake-Worth. FL: Cardner Press. lnc. 1994. p. 6.

② 郝琦、乐国安：《“非科学的心理学”对社会心理学方法论的启示》，《自然辩证法通讯》1999 年第 6 期。

设，主张必须与人的世界生活紧密相连，注重人的价值、人的精神和人的自我实现；必须放弃那份向自然科学靠拢而感到荣耀的虚荣。“科学知识如果以一个人对自己所了解的人的概念作指导而不是以某些非人的类比作指导，则更有益于它的发展。”① 现代心理学的发展亟待贯彻一条弱化物性，强化人性，批判自然科学模式，建构人文科学模式，在一定条件下融合两者合理内核要素，进而促成跨学科、跨领域、跨理论的综合性发展趋向的主线。对心理学的技术主义研究思路与取向进行坚决驳斥与鞭挞，指出心理学人性、人的本真向度问题的重要性及发展趋势的人文科学心理学家，来自心理学领域内部，其对技术主义心理学的质疑是心理学学科内部的反思。

第二，反思的方法限定在心理学框架之中。对技术式心理学的内部反思还体现在人文社会科学心理学对其技术方法主义及具体方法法则的反思中。由于人文维度的缺失，技术式心理学推崇实验室的自然科学实验方法，遗忘了真实生活世界为自然科学世界提供素材的基础地位。“单纯地从技术本身结构方面的动力来揭示技术的历史甚至人类社会发展的历史时，就忽略了技术因缘整体性中人和社会性这一维度。”后人类主义技术观的通病是“无反思地立足于单纯的技术理性和某种普世主义的、超历史的人的本质观”，借用物体的有用性作为技术体系的整体性

---

① Irvin L Child. *Humanistic Psychology and the Research Tradition*. USA. 1973. p. 13.

来考察从而在技术观上陷入技术自主论和技术工具论。[①]因而，在实验中，技术式心理学总是用各种措施对可能给实验结果造成干扰的因素（如被试参与研究的动机、性格特点、生理状态及各种反作用，试验者的主观态度和暗示等）及无关变量加以严格控制。人文科学心理学家对技术式心理学的这种“唯技术方法主义”提出质疑，认为被技术式心理学所严加控制的正是人之为人的主要特征，刨去鲜活的主要特征之后剩下的则是近乎无主体的“非人”。正如美国心理学家库克（Koch）所评价的：技术主义取向的心理学总是从方法论的角度理解其研究对象，它的制度化（institutionalization）先于它的内容，它的方法体现（present）了它的问题，它对科学的信奉（commitment）强于对人的关切，而这都造成心理学研究中价值理性的失落，人性的真实得不到发掘，为心理学学科的健全发展设下障碍。更有学者提出技术主义的倾向虽然使心理学的研究方法愈发精致，但研究的水平却不断地下降，也即是由于心理学家重方法和轻理论，注重实证资料的积累，贬低理论构想的创造，导致了其“膨胀”的实证资料和相对“虚弱”的理论资源之间日益增大的反差。[②]另外，人文科学心理学还对技术主义心理学的五个具体方法法则即原子论、客观论、决定论、还原论与定量

---

① 王志伟：《后人类主义技术观及其形而上学基础——一种马克思主义的批判视角》，《自然辩证法研究》2019 年第 8 期。

② 参见葛鲁嘉《大心理学观——心理学发展的新契机与新视野》，《自然辩证法研究》1995 年第 9 期。

研究进行了反思，指出了各自在研究中的局限与弊端：原子论的法则肢解了人类的心灵；客观论的法则造成主体性的丧失；决定论的法则使主体能动性衰落；还原论的法则是对人性的物化；定量研究的法则将人心当成标有刻度的木偶。总之，技术主义心理学研究方法的直接论战对手主要是人文科学心理学研究方法，它依旧是来自心理学内部的反思。

人文科学心理学对技术式心理学的反思，凸显了技术主义心理学人文向度缺失、价值理性失落、人性研究物化的弊端，击中了技术式心理学研究的关键问题，对反思与探求心理学学科发展的路径与方向产生了重要的影响。然而，这种基本囿于心理学视域自身的反思仍需进一步的深入，究其原因在于心理学研究范式凸显的人文科学心理学与技术式心理学相互矛盾只是表面现象，技术主义心理学本身存在的无法自行消解的结构性问题才是深层次的原因。因此，除了来自心理学内部对技术主义心理学的指责外，运用科技哲学对技术本身以及技术主义心理学进行审视的批判性视域也是非常必要的。

三、技术哲学与心理学结合的反思视角

要真正认识技术主义心理学，还必须跳出心理学的内部圈子，借助技术哲学对与技术主义心理学有颇深渊源关系的技术本质进行揭示，通过跨学科研究重新审视技术维度在心理学中的作用与功能。所谓技术哲学，简言之就是

系统全面地对技术本质问题的哲学探究，其代表性人物有海德格尔、埃吕尔、贝尔、戴维·波普诺等。他们都对技术及技术主义进行过反思和批判，虽然这些反思主要是围绕着由技术所塑造的社会文明所展开的，但其在技术层面的本质性探讨对心理学的技术主义倾向反思颇具借鉴意义，提供了不同于心理学内部的单一思维方式。

崇尚技术的心理学宣扬“价值中立说”或“价值无关说”，主张技术只是用来回答关于事实与知识的客观问题，而不涉及主观的价值与意义。事实上，技术哲学对于技术的价值立场问题早有指涉和探讨。海德格尔（M. Heidegger）曾指出，技术不仅是一种手段、一种揭示，更是一种“挑衅”，它具有“主体意志”，其本质居于座架（gestell）之中，所有人、所有事都是座架的囊中之物、瓮中之鳖，被技术这股力量安排着、要求着，这股力量是在技术的本质中显示出来的又不被人所控制的力量。技术并非完全中性，其负荷着自身的意志与价值。技术中立说包含着一种巨大的遗忘，即对技术和工具作为事先的世界构造的遗忘。这一理念在心理学的表达就是：即使再好的心理学家在技术世界面前都不过是技术员，他们具有一种技术化的眼光与自我认同，都按照技术的价值来行为、做事，而技术主义心理学家更是会无意识地以技术员的身份强调知识性心理学而偏离存在性心理学。所谓知识性心理学就是将心理学作为一门学科来建构，重其科学性、精确性；而存在性心理学则是对人的本原的逼近，是对人的心灵的叩击，即对人之生存根底的追问。这两个方面本是贯通一体的。在这个一体上心理学才是真正研究人类心理活动和行为表现的科学，而我们当前的技术主义心理学就其学科性质而言，由于技术意志的张扬和价值的引导，偏倚知识性心理学，脱离了“存在”之基础，退居学院化的“知识”一极。

首先，技术主义取向的心理学过分强调心灵研究中的知识性理解，坚持知识论工具主义与价值论工具主义。技术主义心理学将为实现特定目的与意图的工具扩展到了心理学的学科建构方向以及具体实践应用中去。在学科建构方向中，技术式心理学借助技术，依附自然科学解释、预测和控制人们的各种心理事件，通过科学实验将自身从人文属性中剥离出来，把研究对象客体化、物质化，极力消除研究者主观性臆造和主观性附会，以追求一种所谓的知识性科学为目标。在具体实践中，技术式心理学强调功能的关系和数量，注重行为研究的结构化与标准化，将人身约化为可置换、可计量，像机器部件一样来协调、控制、组织和管理的职能角色，更是凸显了工具主义在人类心灵研究中的作用。在方法论层面上，追求自然科学模式而弱化人文科学模式对人的认知活动的研究，将使心理学研究陷入技术理性的表达的旋涡。[①] 许多日常生活中的人类心理现象如自由、尊严、目的性、创造性等，作为意识发起者和活动中介的自我而与技术式心理学格格不入。坚持知

---

① 尚智丛、闫奎铭：《“人与机器”的哲学认识及面向大数据技术的思考》，《自然辩证法研究》2016 年第 2 期。

识的工具主义使技术式心理学在学院研究与职业制度上相对完善，但人文领地的荒化使其发展至今也仍然饱受争议，取得的成功是否经得起理论和历史检验也令人怀疑。

其次，对心灵学科知识性的过分强调，必然导致对主体意志表达和实现形式的存在性理解的忽视，这是一个问题的两个方面。在实证主义与价值中立的理念下，心理学研究中人的感情、意志、欲望被分解在人的理性中，人的主观性、内在性、本真性、整体性等存在性的知识在生物还原论和机械决定论的背景之下毫无立足之地，人类心灵研究中的人文主义极度失落。美国学者弗洛姆（E. Fromm）认为技术社会使人患有“异化综合征”，人们在飞速发展的技术面前陷入焦虑和恐慌，极易被技术所吸引而盲目崇拜技术，这其实也是人道主义失落的具体体现。对存在性的避讳，也使得技术式心理学极度鄙夷哲学心理学，排斥体现生命存在意义的心理哲学探讨，强调思辨的哲学参与对心理学研究的科学性、数据分析的客观性、价值立场的中立性的消极影响。技术式心理学甚至将哲学心理学称为“安乐椅中的心理学”，视为毫无意义的思想垃圾以及最为省力的胡编乱造。事实上，心灵作为主体的意志与理性的表达，有其历史发展的复杂性与现实的多样性，心灵既是主体的记忆、注意、感觉、情绪情感的承载体，也是人伦之情、爱国之情的承载体。其特性在具体的现实环境中纠合在一起，形成了复杂的主体心灵。心灵的这种特性决定了哲学心理学的探讨具有存在的必要，而心理学的技术研究路线肢解心灵的某一部分，企图如物理学研究一样使得心灵的奥秘为人类所窥见，完全忽视了作为存在性知识体系的心灵的特性。

如何突破心理学技术主义倾向导致的研究困境，实现技术哲学与心理学的有机结合，超越知识的工具主义而形成心理学研究的理论自觉？可以从回归技术本质和服务研究目标这两个方面进行思考和前瞻。

第一，回归技术本质，限定技术使用的合理边界。技术的本质，是对自然的利用和人的能动性改造，体现着人性与物性的辩证统一。心理学无法完全摆脱与技术的关联，如果完全抛却技术，心理学将会滑向与技术主义相对的另一极端——宗教神学。即使是对技术主义心理学进行激烈批判的人文主义心理学，也并未否认技术的合理性。导致心理学人道主义失落的原因并非心理学研究过程中采用技术手段，而是技术的利用超越了合理界域。所谓技术的合理界域，是指人与自然对技术发展的限制。技术的无限度发展，导致其本身“工具”的本质规定被打破，技术发生了异化，这使得体现人类意志的“人性”与尊重自然规律的“物性”无法自洽。在心理学研究中，技术不应成为衡量一切的至高标准和支配一切本体论的根本“事件”，而应作为一种工具为研究者探知人类心灵提供介质。马克思认为，技术的本质是历史的、变化的，人与自然之间的关系不是预成的而是生成的。作为连接人与自然的“媒介”，技术自身所具有的人性与物性的统一程度会随着人与自然之间关系的变化而变化。技术与心理学不能完全被剥离而退居心理学研究的“原始状态”，而是需要对技术式心理学完成一场“现代化”变革，回归技术“工具性”的本质规定，重新回到人与自然合理关系的框架内，并根据社会历史条件的变化而使用技术，提高运用科学逻辑与技术手段来分析和解释人心理现象的能力。

第二，服务研究目标，构建科学与人文融合发展的进路。自然科学与人文主义的对立在心理学研究领域体现为自然主义心理学与人文主义心理学的对立。自然主义心理学以实证主义为哲学基础，人文主义心理学以现象学、存在主义和阐释学为哲学基础，尽管二者持有完全不同的方法论，但心理学内在的研究目标具有一致性，即始终关注人的全面发展，以寻求人的幸福生活为逻辑起点和终点。心理学既不旨在构建某种固定模式的研究范式，也并非构建技术性的学科，[①] 而是由人的心灵作为“统帅”，将研究的实质建立在人的目的性基础之上。只有保证“人”在研究过程中至高无上的地位，才能避免技术的非人性化发展所带来的种种弊端。作为一门研究人类心理现象、精神功能和行为的科学，心理学的研究对象兼具自然科学与人文科学研究对象的特点，天然具有介于哲学与科学、自然科学与社会科学、纯理论科学与应用科学之间的特质。因此，心理学研究方法的选择不应以技术的需要为准，而应由研究问题所驱动，选择适用于研究问题的具体技术、手段和方法来解决问题。作为心理学研究对象的“人”应是确定一切研究手段、方法的根据。当研究需要从广度

① 王晓阳：《非主观的心灵》，《自然辩证法通讯》2019 年第 8 期。

上揭示人类心理活动的过程和特征方面的普遍性时，应该采取自然主义心理学常用的定量研究方法，大样本调查研究能够更好地呈现整体；而当研究需要从深度上刻画人类心理活动的特殊性时，可以采取人文主义心理学常用的质性研究方法，通过小样本或案例研究来呈现其复杂性和个性，两种方法各有所长、互为补充。伽达默尔所指的“视域融合”为心理学实现科学与人文融合发展提供了重要启示，心理学研究者与研究对象发生“交互作用”，共同建构人类独特的精神世界。若能在研究过程中将合理应用技术手段与重视人的全面发展的目标相结合，实现科学与人文融合发展的新进路，无疑对于心理学学科健康发展有着重要意义。

技术主义心理学的研究突出强调科学技术的知识性揭示和描述，偏离了开显生命存在意义的存在性思想或精神，其所关注的只是对心理的知识性理解，而抽取了存在性这一根基。单纯的知识性心理学不足以担当“心理”之名，其作为心理学的合法性可能遭受质疑。因而，必须从源头上清理技术主义心理学的局限，强调存在性思想对于知识性思想的奠基作用，并促使两者在人类心灵研究中达至结合，以实现心理学研究的健全发展。

参 考 文 献

1. **马克思主义经典著作**

[1] 马克思恩格斯文集：第1—10卷［M］. 北京：人民出版社，2009.

[2] 马克思恩格斯全集：第3卷［M］. 北京：人民出版社，2002.

[3] 马克思恩格斯全集：第18卷［M］. 北京：人民出版社，1964.

[4] 列宁全集：第27卷［M］. 北京：人民出版社，2017.

[5] 毛泽东文集：第1卷［M］. 北京：人民出版社，1993.

[6] 毛泽东文集：第8卷［M］. 北京：人民出版社，1999.

[7] 毛泽东选集：第2卷［M］. 北京：人民出版社，1991.

[8] 邓小平文选：第3卷［M］. 北京：人民出版社，1993.

[9] 习近平谈治国理政：第1卷［M］. 北京：人民出版社，2018.

[10] 习近平谈治国理政：第2卷 [M]. 北京：人民出版社，2017.
[11] 习近平谈治国理政：第3卷 [M]. 北京：人民出版社，2020.

2. **中文著作**

[1] 高清海. 传统哲学到现代哲学 [M]. 长春：吉林人民出版社，1997.
[2] 俞吾金. 从康德到马克思：千年之交的哲学沉思 [M]. 桂林：广西师范大学出版社，2004.
[3] 孙正聿. 思想中的时代：当代哲学的理论自觉 [M]. 北京：北京师范大学出版社，2004.
[4] 吴晓明. 思入时代的深处：马克思哲学与当代世界 [M]. 北京：北京师范大学出版社，2006.
[5] 张一兵. 回到马克思：经济学语境中的哲学话语 [M]. 南京：江苏人民出版社，2009.
[6] 陈先达. 走向历史的深处：马克思历史观研究 [M]. 北京：中国人民大学出版社，2010.
[7] 胡大平. 西方马克思主义哲学概论 [M]. 北京：北京师范大学出版社，2010.
[8] 胡绳. 从鸦片战争到五四运动 [M]. 北京：人民出版社，2010.
[9] 刘同舫. 马克思人类解放理论的演进逻辑 [M]. 北京：人民出版社，2011.
[10] 辛自强. 心理学研究方法 [M]. 北京：北京师范

大学出版社，2012.
[11] 张文喜. 重建历史唯物主义历史总体观［M］. 北京：中国人民大学出版社，2013.
[12] 王逸舟. 当代国际政治析论［M］. 上海：上海人民出版社，2015.
[13] 孙正聿. 为历史服务的哲学［M］. 北京：中央编译出版社，2018.
[14] 俞吾金. 新十批判书［M］. 北京：商务印书馆，2018.
[15] 刘同舫. 马克思人类解放思想史［M］. 北京：人民出版社，2019.

3. **译著**

[1] 普列汉诺夫哲学著作选集：第2卷［M］. 北京：生活·读书·新知三联书店，1961.
[2] 巴勒克拉夫. 当代史学主要趋势［M］. 杨豫，译. 上海：上海译文出版社，1987.
[3] 柯尔施. 马克思主义和哲学［M］. 王南湜，等，译. 重庆：重庆出版社，1989.
[4] 巴普洛夫. 巴普洛夫选集［M］. 吴生林，等，译. 北京：科学出版社，1995.
[5] 哈贝马斯. 现代性的地平线：哈贝马斯访谈录［M］. 李安东，段怀清，译. 上海：上海人民出版社，1997.
[6] 吉登斯. 现代性的后果［M］. 田禾，译. 南京：译

林出版社，2000.
[7] 福山. 历史的终结及最后之人 [M]. 黄胜强，等，译. 北京：中国社会科学出版社，2003.
[8] 冯特. 人类和动物的心理学讲义 [M]. 李维，译. 北京：北京大学出版社，2003.
[9] 黑格尔. 历史哲学 [M]. 王造时，译. 上海：上海书店出版社，2006.
[10] 库诺. 马克思的历史、社会和国家学说：马克思的社会学的基本要点 [M]. 袁志英，译. 上海：上海译文出版社，2006.
[11] 沃尔什. 历史哲学导论 [M]. 何兆武，张文杰，译. 北京：北京大学出版社，2008.
[12] 韦伯. 儒教与道教 [M]. 洪天富，译. 南京：江苏人民出版社，2008.
[13] 汤因比. 历史研究 [M]. 刘北成，等，译. 上海：上海世纪出版集团，2010.
[14] 哈贝马斯. 现代性的哲学话语 [M]. 曹卫东，译. 南京：译林出版社，2011.
[15] 卡尔. 历史是什么 [M]. 陈恒，译. 北京：商务印书馆，2011.
[16] 贝克尔. 人人都是他自己的历史学家：论历史与政治 [M]. 马万利，译. 北京：北京大学出版社，2013.
[17] 皮凯蒂，21 世纪资本论 [M]. 巴曙松，陈剑，余江，等，译. 北京：中信出版社，2014.

［18］赫勒. 历史理论［M］. 李西祥，译. 哈尔滨：黑龙江大学出版社，2015.
［19］麦克莱伦. 马克思传［M］. 4版. 王珍，译. 北京：中国人民大学出版社，2016.
［20］阿尔都塞. 保卫马克思［M］. 顾良，译. 北京：商务印书馆，2016.
［21］德里达. 马克思的幽灵：债务国家、哀悼活动和新国际［M］. 何一，译. 北京：中国人民大学出版社，2016.
［22］卢卡奇. 历史与阶级意识：关于马克思主义辩证法的研究［M］. 杜章智，等，译. 北京：商务印书馆，2018.
［23］亨廷顿. 文明的冲突与世界秩序的重建（修订版）［M］. 周琪，等，译. 北京：新华出版社，2018.
［24］贝尔. 后工业社会的来临［M］. 高銛，等，译. 南昌：江西人民出版社，2018.
［25］伊格尔顿. 马克思为什么是对的［M］. 李杨，等，译. 重庆：重庆出版社，2018.

4. **中文期刊论文**

［1］何兆武. 从思辨的到分析的历史哲学［J］. 世界历史，1986（1）.
［2］周世敏. 对马克思主义历史哲学的再认识［J］. 江西社会科学，1991（6）.
［3］庄国雄. 历史哲学和马克思的历史理论［J］. 复旦

学报（社会科学版），1992（2）.
[4] 葛普嘉．大心理学观：心理学发展的新契机与新视野［J］．自然辩证法研究，1995（9）.
[5] 郝琦，乐国安．“非科学的心理学”对社会心理学方法论的启示［J］．自然辩证法通讯，1999（6）.
[6] 段忠桥．历史唯物主义是马克思主义的历史哲学［J］．史学理论研究，1998（1）.
[7] 高清海，贺来．我们如何走近马克思［J］．求是学刊，2000（3）.
[8] 杨生平．自由民主的理念真的已无可匹敌吗?（续）：评福山的“历史终结”论［J］．马克思主义研究，2003（3）.
[9] 葛鲁嘉．心理学应用的理论、方案和领域研究［J］．河南师范大学学报（哲学社会科学版），2004（6）.
[10] 刘华．心理学技术人道主义的构建及其途径［J］．自然辩证法通讯，2005（6）.
[11] 徐素华．论当代中国马克思主义哲学的存在形态［J］．哲学研究，2005（7）.
[12] 陈先达．哲学中的问题与问题中的哲学［J］．中国社会科学，2006（2）.
[13] 郑伟．福山“历史终结论”批判三题［J］．当代世界与社会主义，2006（3）.
[14] 胡潇．解释学视域中的马克思［J］．哲学研究，2006（8）.
[15] 杨耕，张立波．历史哲学：从缘起到后现代［J］.

学术月刊，2008（4）.
［16］陈先达. 马克思主义哲学关注现实的方式［J］. 中国社会科学，2008（6）.
［17］余晓玲，刘同舫. 马克思主义历史哲学：在史学与哲学之间［J］. 天津社会科学，2013（2）.
［18］殷宏淼. 实证主义对心理学的影响［J］. 社会心理科学，2014（2—3）.
［19］王南湜. 马克思哲学的近康德阐释（上）：其意谓与必要性［J］. 社会科学辑刊，2014（4）.
［20］陈先达. 马克思恩格斯经典文本研究的双重视角［J］. 中国社会科学，2014（11）.
［21］杨耕. 论辩证唯物主义、历史唯物主义、实践唯物主义的内涵：基于概念史的考察与审视［J］. 南京大学学报（哲学·人文科学·社会科学），2016（2）.
［22］尚智丛，闫奎铭. “人与机器”的哲学认识及面向大数据技术的思考［J］. 自然辩证法研究，2016（2）.
［23］吕恩. 我对历史哲学的几点认识［J］. 历史研究，2016（3）.
［24］项久雨，胡庆有. 论中国化马克思主义的国际传播策略［J］. 思想理论教育，2016（3）.
［25］陈学明. 西方马克思主义研究在当今中国之意义［J］. 思想理论教育，2016（3）.
［26］贺来. 马克思哲学的“类”概念与“人类命运共同

体”［J］. 哲学研究，2016（8）.
［27］吴晓明. 论《历史与阶级意识》的辩证法研究［J］. 马克思主义与现实，2017（2）.
［28］董俊山. 构建人类命运共同体的困惑与破解［J］. 时事报告（党委中心组学习），2017（2）.
［29］胡刘. 论马克思历史哲学与“历史唯物主义”的关系［J］. 山东社会科学，2017（4）.
［30］张华波，邓淑华. 马克思发展共同体思想对构建人类命运共同体的启示［J］. 马克思主义研究，2017（11）.
［31］肖峰. 认识论：从自然化到技术化［J］. 哲学动态，2018（1）.
［32］叶浩生，麻彦坤，杨文登. 身体与认知表征：见解与分歧［J］. 心理学报，2018（4）.
［33］宋朝龙.《共产党宣言》的空间逻辑与人类命运共同体的构建：第二届世界马克思主义大会纪念《共产党宣言》专题述评［J］. 学术论坛，2018（3）.
［34］车轴. 人类命运共同体：近期国内外研究综述及进一步探讨［J］. 理论与改革，2018（5）.
［35］贺方彬. 海外精英眼中的人类命运共同体认知及启示［J］. 云南民族大学学报（哲学社会科学版），2018（5）.
［36］汪信砚. 构建人类命运共同体的本真意涵［J］. 社会科学辑刊，2018（6）.
［37］符妹，李振. 构建人类命运共同体思想的“承认逻

辑”：意蕴、困境及路径［J］. 中共中央党校学报，2018（6）.
［38］刘同舫. 构建人类命运共同体对历史唯物主义的原创性贡献［J］. 中国社会科学，2018（7）.
［39］高地. 人类命运共同体的形成依据、思想内容及构建路径研究［J］. 思想教育研究，2018（8）.
［40］阮建平，林一斋. 人类命运共同体的历史逻辑、挑战与建设路径［J］. 中州学刊，2018（11）.
［41］项久雨. 改革开放四十年中国道路的哲学沉思［J］. 哲学研究，2018（12）.
［42］刘建飞. 新时代中国外交战略中的中美关系［J］. 社会科学文摘，2018（12）.
［43］刘同舫. 将构建人类命运共同体思想落到实处［J］. 红旗文稿，2018（21）.
［44］张汝伦. 文本在哲学研究中的意义［J］. 哲学研究，2019（1）.
［45］曾琰. 从实体性存在到规范性存在：习近平人类命运共同体构建的价值依据及实践方案［J］. 重庆大学学报（社会科学版），2019（1）.
［46］郎慧慧，张继龙. 新时代人类命运共同体的人民主体性意蕴及路径研究［J］. 重庆社会科学，2019（1）.
［47］赵庆寺. 试论构建人类命运共同体的制度化路径［J］. 探索，2019（2）.
［48］刘建飞. 世界历史进程中的人类命运共同体及两制

国家关系［J］. 当代世界与社会主义，2019（2）.
［49］刘同舫. 马克思主义哲学中国化70年及其历史贡献［J］. 四川大学学报（哲学社会科学版），2019（4）.
［50］王韶兴. 现代化进程中的中国社会主义政党政治［J］. 中国社会科学，2019（6）.
［51］何吴明，郑剑虹. 心理学质性研究：历史、现状和展望［J］. 心理科学，2019（4）.
［52］赵泽林. “计算的解释鸿沟”的新证据及其哲学反思［J］. 自然辩证法通讯，2019（6）.
［53］王志伟. 后人类主义技术观及其形而上学基础：一种马克思主义的批判视角［J］. 自然辩证法研究，2019（8）.
［54］王晓阳. 非主观的心灵［J］. 自然辩证法通讯，2019（8）.
［55］林默彪. 历史的经纬：马克思历史哲学的四重分析维度［J］. 福建论坛（人文社会科学版），2020（9）.

5. **报纸**

［1］李潇潇. 探寻马克思主义哲学研究的思想灵性［N］. 中国社会科学报，2018－11－29（3）.
［2］刘建飞. 人类命运共同体的现实与未来［N］. 学习时报，2018－06－11（1）.

6. **外文资料**

[1] CHILD I L. Humanistic Psychology and the Research Tradition: Their Several Virtues [M]. New York: John Wiley & Sons, Inc. , 1973.

[2] RICOEUR P. Hermeneutics and the Human Sciences [M]. ed. &tr. by John B. Thompson. Cambridge: Cambridge University Press, 1981.

[3] WILLIAMS H. Francis Fukuyama and the End of History [M]. Cardiff: University of Wales Press, 1997.

[4] WERTZ F J. The humanistic movement: Recovering the personin paychology [M]. Lake – Worth. FL: Cardner Press. lnc. 1994.

[5] GLASER D, WALKER D M. Twentieth – CenturyMarxism: A Global Introduction [M]. Routledge, 2007.

后　　记

书稿的写作和整理终于完成，这既是一个句号，又是一个逗号，标志着新的起点、新的开始。

书稿的主体内容，来源于我近几年公开发表的学术论文。由于自身学术兴趣的驱动，我的学术研究主题和关注的重点更加明晰、更加聚焦，在原有马克思主义中国化基本理论问题的研究基础上，我开始关注哲学的元问题和现实重大命题的研究，具体集中在三个领域：马克思的哲学性质问题、中国现代化道路问题以及构建人类命运共同体研究。主要采用了文本文献研究法、历史回溯法和跨学科研究法，通过渐进式的积累，产生了相应的问题意识和成果意识，形成了阶段性研究成果。我将这些阶段性研究成果进行了整理和再加工，汇编成册。本书总体上保持了前期研究成果的原貌，但为了保证书稿的整体性，我对有些论文题目和内容做了相应的调整。所收录的论文除了两篇为与导师合作完成外，其余均为我个人独撰完成。现将收录的成果原题和刊发的期刊信息罗列如下。

论文《马克思主义历史哲学的形态定位与建构》，载于《哲学动态》2021 年第 5 期；论文《21 世纪马克思主义哲学研究路径的反思与前瞻》，载于《天津社会科学》

2019 年第 6 期；论文《构建人类命运共同体的三个基本问题辨析》，载于《福建论坛（人文社会科学版）》2019 年第 9 期；论文《中国现代化实践对“历史终结论”的终结及其意义》，载于《社会科学研究》2019 年第 6 期；论文《中国共产党现代化事业的百年历程及经验》，载于《北京师范大学学报（社会科学版）》2021 年第 4 期；论文《“四个自信”是中国梦的精神支柱》载于 2017 年 5 月 4 日《中国社会科学报》；论文《建立资源支撑保障机制》载于 2020 年 8 月 26 日《中国社会科学报》；《人类命运共同体的话语创新与实践贡献》，载于 2018 年 8 月 2 日《中国社会科学报》。

这些论文公开发表后产生了一定的社会影响，转载率普遍较高。如《构建人类命运共同体的三个基本问题辨析》被《中国社会科学文摘》2020 年第 2 期全文转载；《21 世纪马克思主义哲学研究路径的反思与前瞻》被《新华文摘》2020 年第 6 期论点摘登，《高等学校文科学术文摘》2020 年第 1 期全文转载；《中国现代化实践对“历史终结论”的终结及其意义》被中国人民大学《复印报刊资料・中国特色社会主义理论》2020 年第 1 期全文转载，中国人民大学《复印报刊资料・马克思主义文摘》2020 年第 1 期全文转载。上述成果被诸多网站、公众号转发，如被“光明网”“中国社会科学网”“今日头条”等网站全文转发，被多个微信公众号推荐阅读。上述成果的下载量和引用率较高。如《中国现代化实践对“历史终结论”的终结及其意义》截至 2021 年 3 月已被下载千余次，论文被相关研究引用推介多次。

本书的出版受广西八桂学者项目“广西马克思主义大众化重大问题研究”［项目编号 2019（19）］号的资助，也离不开对我学术成长持续关注以及提供各种帮助的各位编辑、师长和亲人们！

感谢报纸杂志的责任编辑。论文能够以公开的方式与读者见面，是与相关报纸杂志及其责任编辑分不开的。感谢他们对论文给予的充分肯定和高度评价，同时也感谢他们为论文的修改、完善提供了宝贵意见。他们的细致工作和无私付出，使得书中的主体章节内容能够以公开发表的论文形式面世，特别感谢匿名评审专家提出的中肯意见。

感谢我的博士后合作导师刘同舫教授。罗素曾描述维特根斯坦为“天才人物的最完满的范例——热情、深刻、认真、纯正、出类拔萃”，我认为这样的评价可以恰如其分、名副其实地用在对刘老师的综合评价，特别是学术评价上。刘老师始终通过身体力行告诉我，要成为一位学者，一位真正的学者，必须接受严格的学术训练、严谨的逻辑演练和艰辛的理论探索。要有学术追求和学术理想，不要人云亦云、陈词滥调地写些纯梳理、无创见的总结，或是低水平、重复性的文字堆砌；也不要单纯出于评职称、立项目、拿奖项、获人才称号等功利性的考虑。

感谢广西师范大学马克思主义学院和浙江大学马克思主义学院对我的支持和培养，特别感谢钟瑞添教授、谭培文教授、林春逸教授、旷永青教授、汤志华教授、韦冬雪教授、刘琼豪教授、张红教授、梁君教授、靳书君教授、邓小玲教授、凌小萍教授……他们以各种形式给予我支持，给我提供了学术研究的时间保障和积极的学术环境。

我要感谢我的家人对我学术选择的理解和支持。

我还要特别感谢本书责任编辑所付出的心血！

2021 年 8 月

于西子湖畔